大展好書　好書大展

品嘗好書　冠群可期

大展好書　好書大展
品嘗好書・　冠群可期

武術特輯
136

崔毅士真傳
楊派太極十三式

——拳·劍·刀·棍·槍精練

張勇濤　編著

大展出版社有限公司

作者簡介

　　張勇濤，1943年生於西安，祖籍河北任縣，大學學歷。楊式太極拳第五代傳人，中國武術段位八段，國家武術一級裁判，曾任北京市武術運動協會副秘書長，現任北京市武術運動協會委員、北京楊式太極拳研究會會長、北京市老年人體協太極拳委員會副會長、香港楊式太極拳總會名譽會長。

　　自幼隨外祖父崔立志（字毅士）習練楊式太極拳，崔毅士乃楊澄甫先生高足，楊式太極拳第四代傳人，在外祖父嚴格訓導下，數十載研習楊式太極拳，深得楊式太極拳、械精髓，至今習武五十餘年。

　　1960年榮獲北京市武術比賽青少年組楊式太極拳

第一名，1980—1983年連續榮獲北京市武術比賽成年組楊式太極拳、太極刀第一名，1987年榮獲全國太極拳劍推手比賽劍術第三名，1991—1993年連續榮獲北京市武術比賽楊式太極拳、太極刀、太極劍第一名，2004年榮獲首屆世界傳統武術節楊式太極拳、太極劍第一名。

曾多次赴日本、新加坡、馬來西亞、法國、瑞士等國家傳授楊式太極拳，常年授拳於北京中山公園，學生遍及海內外。曾受北京武術院委託專事外國訪華團楊式太極拳教練工作，曾組織參加天安門萬人太極拳表演、天壇萬人太極拳展示活動和中、日、韓三國太極拳展示活動等。

曾出版武術專著《簡化楊式太極拳》《傳統楊式太極劍》《楊式太極拳及其防身應用》《楊式太極刀入門》《24式楊式養生太極拳、太極劍》等，並錄製了《楊式大架太極拳》《傳統楊式太極劍》《傳統楊式太極刀》《楊派太極十三式精練》等多種武術教學片。

前 言

太極拳是我國寶貴的非物質民族文化遺產,具有極高的體育健身價值,傳世幾百年歷久不衰。太極拳從產生之初就具有格鬥、防身和促進健康的多重作用,隨著時代發展,科學技術的提高,太極拳的健身作用越來越突出,並且成爲當今全民健身運動的一項主要內容之一。

太極拳是一項注重自我控制、意氣誘導、心靜體鬆、柔緩自然、連綿不斷、動靜結合和氣息流暢、形體自然圓活等特點的武術,堅持鍛鍊能起到強身、健身、養生之妙用。

傳統楊式太極拳,是太極拳諸多流派系列中流傳面和適應性最廣泛的拳種之一,從楊露禪在河南溫縣陳家溝陳長興處,得傳陳家太極拳自創楊家太極拳以來,經過其子健侯、班侯,其孫楊澄甫祖孫三代艱苦努力,使楊式太極拳這一拳種在北京紮根傳播,而後的幾十年又經過第四代傳人在全國各地以及海外的傳播,再加上當今第五代傳人的繼續發揚光大,楊式太極拳已經成爲億萬群衆健身的體育運動。

北京楊式太極拳第四代傳人崔毅士,多年來傳授楊式太極拳126式、太極劍51式、太極刀76式,以及

太極槍、太極棍42式等系列長套路，流傳海內外，深得廣大健身愛好者喜愛，並由習練從中獲益。

隨著現代社會經濟高速發展的快節奏生活，國內外學練太極拳及器械套路的人越來越多，但是傳統套路過長，重複動作多，難度大，不易練習，迫切需要一套短小精煉的入門套路，達到初步掌握楊式太極拳、械練功方法的目的，為今後更深層次地習練傳統楊式太極拳械，奠定扎實的基礎。

筆者依據崔毅士先生傳授的傳統楊式太極拳、劍、刀、槍、棍套路為基礎，結合自己習武五十餘年的經驗和體會，本著簡便、易學、易練、易掌握的原則，對傳統楊式太極拳系列中比較長的五種套路進行了精心選編，保留其傳統楊式太極拳風格特點、練習方法和練功要點。

選編的楊派太極十三式拳、劍、刀、棍、槍精練系列套路，既編排合理，又簡單易學，並有效地縮短了練習時間，能讓初學者輕鬆地邁進太極拳健身殿堂。此外，十三式系列精練套路風格各異，不同的愛好者都能從中找到適合於自己的鍛鍊項目。

太極拳十三式中，包含著經典拳勢、基本手法和基本功，以及特有的「立身中正」之身法，「實腿轉跟」之步法，「掌拳勾」之手法，「動作弧形，纏綿柔和」之練法。

太極劍十三式中，主要體現姿勢美觀大方，劍法

準確，步法清楚，平穩緩慢，以意運劍和身械合一之風格特點，劍法包括纏繞、戳、截、架、刺、斬、劈、壓、抽、捧。

太極刀十三式中，主要展現架式舒展大方，身法中正，刀勢渾厚，剛柔相濟，刀法與劍術合而爲一之風格特點，刀法包括撩、架、藏、攔、推、截、刺、掛、纏頭。

太極槍十三式，是在綜合運用崔毅士先生歷年傳授楊式太極「抖大杆、四纏杆」技法的基礎上，以砸、撥、刺、架、掄、劈、雲、開（攔）、合（拿）、發（刺）、纏繞等方法組成十三式太極槍術的獨特用法，表現出身法中正，粘黏引化，開合撥刺，腰間發力，快慢相間，內勁不斷，槍中存圈，剛柔相濟之風格特點。

太極棍十三式，依據崔毅士先生1964年創編的42式太極棍爲基礎，保持傳統楊式太極拳特有的身型身法、步型步法，結合少林棍術「對把握擊」的練功方法精編而成，棍法包括摟、合、壓、架、雲、挑、背、戳等，體現了棍理歸拳，對把滑擊，身法中正，棍中存圈，渾厚大方，棍法清晰，身械協調之風格特點。

其中楊派十三式太極拳精練，前進方向有7個動作，返回原地有6個動作，其餘4個套路均爲前進方向有6個動作，返回原地有7個動作，套路短，難度較

低，無重複動作，從起勢到收勢約爲2～3分鐘，適合初學入門者演練。

另外，全書附有二百餘幅動作準確、規範的圖片，加注通俗易懂的圖解，直觀易學，並且配有正反演練及動作要點講解的光碟，以助讀者從中領略太極拳系列內容的要領與樂趣。衷心祝願廣大太極拳和健身愛好者，早日邁進傳統楊式太極拳的殿堂，堅持不懈，提高技藝，陶冶情操，盡情享受健身運動所帶來的生活樂趣，達到療疾、養生和益壽的目的。

目　錄

一、楊派太極拳十三式精練……………………………… 11

　（一）楊派太極拳十三式簡介 ………………………… 12

　（二）楊派太極拳十三式簡譜 ………………………… 13

　（三）楊派太極十三式文字說明……………………… 14

　（四）楊派太極拳十三式動作圖解……………………… 15

　（五）楊派太極拳十三式連續動作圖………………… 54

二、楊派太極劍十三式精練……………………………… 59

　（一）楊派太極劍十三式簡介………………………… 60

　（二）楊派太極劍十三式簡譜 ………………………… 61

　（三）楊派太極劍十三式動作圖解………………… 62

　（四）楊派太極劍十三式連續動作圖 ……………… 89

三、楊派太極刀十三式精練…………………………… 93

　（一）楊派太極刀十三式簡介………………………… 94

　（二）楊派太極刀十三式簡譜 ………………………… 95

　（三）楊派太極刀十三式動作圖解……………… 96

　（四）楊派太極刀十三式連續動作圖 ……………… 127

四、楊派太極棍十三式精練 ················ 131

（一）楊派太極棍十三式簡介 ········· 132
（二）楊派太極棍十三式簡譜 ········· 133
（三）楊派太極棍十三式動作圖解 ····· 134
（四）楊派太極棍十三式連續動作圖 ··· 163

五、楊派太極槍十三式精練 ················ 167

（一）楊派太極槍十三式簡介 ········· 168
（二）楊派太極槍十三式簡譜 ········· 170
（三）楊派太極槍十三式動作圖解 ····· 171
（四）楊派太極槍十三式連續動作圖 ··· 214

一、楊派太極拳十三式精練

（一）楊派太極拳十三式簡介

楊派太極拳十三式，是為了適應當前廣大健身愛好者習練傳統楊式太極拳的要求而創編的，可為今後更深層次地習練傳統楊式太極拳奠定紮實的基礎。

筆者根據自己五十餘年的練武經驗與體會，從外祖父所傳授的傳統楊式太極拳126式中，選出13個有代表性的、適合初學者練習的基礎式子。全套練習僅有一個來回，前進方向有7個動作組合，返回原地有6個動作組合，其拳架平穩、銜接流暢、難度適中，包含了太極拳經典拳勢、基本手法和基本功。

從起勢到收勢用時約2—3分鐘，時間短，無場地要求，隨時隨地都可鍛鍊。只要持之以恆，認真揣摩，反覆實練，就能練就太極拳特有的「下盤功夫」，增強體質，並得到鍛鍊的樂趣，提高生活品質。

楊派太極拳十三式，由於式子少，套路短，難度低，無重複動作，所以只作為初學入門的內容，其目的是讓學練者在實練中體會領悟傳統楊式太極拳中特有的「立身中正」之身法，「實腿轉跟」之步法，「掌、拳、勾」之手法，以及「動作弧形，纏綿柔和」之練法。

楊派太極拳十三式的主要風格特點有：動作舒展大方，架勢立身中正，速度緩慢柔和，動靜柔中寓剛。

（二）楊派太極拳十三式簡譜

前進方向：

第 一 式　起　勢

第 二 式　野馬分鬃

第 三 式　左右雲手

第 四 式　單鞭

第 五 式　手揮琵琶

第 六 式　白鶴亮翅

第 七 式　摟膝拗步

返回原地：

第 八 式　斜飛勢

第 九 式　提手上勢

第 十 式　進步搬攔捶

第十一式　上步攬雀尾

第十二式　十字手

第十三式　收　勢

(三)楊派太極十三式文字說明

　　1. 爲了表述清楚，圖像和文字對動作作了分解說明，練習太極拳動作時，應力求銜接連貫。

　　2. 在動作圖解文字說明中，除特殊注明外，不論是先寫或後寫身體的某一部位，各運動部位都要協調活動，運動有序，不要先後割斷去做。

　　3. 方向轉變以人體爲準標明前、後、左、右。必要時假設以面向南起勢，注明東、南、西、北，或注明偏東南、偏東北、偏西南、偏西北。

　　4. 圖上的線條是標明這一動作到下一動作經過的路線和部位。左手、左腳、棍梢、槍尖爲虛線（------▶），右手、右腳、棍把、槍把爲實線（——▶）。

　　5. 某些背向、側向動作，增加了附圖，以便對照。

（四）楊派太極拳十三式動作圖解

前進方向：

第一式　起勢（假設面向南）

（1）無極勢

　　身體自然直立，兩腳併攏，兩膝微屈，兩手輕貼大腿外側，精神集中，全身放鬆，呼吸自然；眼看前方（正南）。（圖1–1）

圖1–1

圖1-2

圖1-3

（2）開步舉臂

左腳開立，與肩同寬；同時，兩手隨臂外旋，慢慢向前平舉，與肩同高、同寬，兩掌心側向下，虎口側向上，指尖向前；眼看前方。（圖1-2）

（3）屈收前推

兩臂帶動兩掌，屈收至胸前，掌心斜向前，指尖斜向上；隨即兩掌隨臂內旋，向前推至體前，掌心斜向前，指尖向上，腕與肩平；眼看前方。（圖1-3、圖1-4）

（4）屈腿下按

兩腿屈膝半蹲；同時，兩臂帶動兩掌，輕輕下按至兩

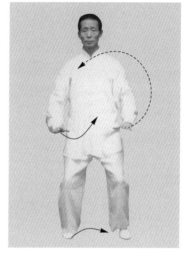

圖1-4　　　　　　　　圖1-5

胯旁，掌心向下，指尖向前；眼看前方。（圖1-5）

要　點

① 預備勢和起勢都是學拳、練拳要做好的姿勢，要求頭頸自然中正，下頜微收，不可故意挺胸或收腹，要體鬆心靜、精神集中和呼吸自然。開步時腳尖先著地，然後全腳掌踏實。

② 用兩臂的外旋或是內旋，帶動兩手完成太極拳特有的弧形運動，不可只用兩腕的翻轉代替太極拳的弧形運動。

③ 傳統楊式太極拳的起勢，已經隱含了技擊的作用，即守我之靜，待彼之動，所以決不可因為起勢動作簡單而

圖1-6

輕視它，草率地一學而過，應按照動作要領，反覆練習，體會調身鬆體，做好練拳前的準備。

第二式　野馬分鬃（方向正西）

（1）收腳合臂

身體稍右轉，右腳收點於左腳內側；同時，左臂屈肘上抬收至胸前，掌心向下；右臂屈肘，收至腹前，掌心向上；眼看右側前方（西南）。（圖1-6）

（2）轉體上步

身體繼續右轉，重心穩於左腿，右腳向右前方邁步，

圖1-7   圖1-8

腳跟著地，成右虛步；兩臂仍然保持上下相合；眼看前方
（正面）。（圖1-7）

（3）弓步分手

左腳跟稍外碾，左腿自然伸直，右腿屈膝前弓，成右弓
步；同時，兩掌前後分開，右掌隨前臂上掤至胸前，掌心向
內，指尖側向左，腕與肩平；左手經右前臂下按至左胯旁，
掌心向下，虎口側向前；眼看前方（正西）。（圖1-8）

 要 點

① 弓步時，膝蓋與腳尖上下相對，後腿蹬伸時腳跟外
碾，左腳尖內扣45°，左右腳的橫向距離約一拳寬，不應

在同一直線上。

②兩臂上下相合時，上下掌不超過肘尖；兩掌前後分開時，要求肘帶前臂，然後前臂帶掌而行；兩肩鬆開，兩肘下垂，運動路線要走弧形，並做到開合有序，上下相隨。

③野馬分鬃用的是掤架手，右手掤架的意念集中於右前臂，左手下按時的意念集中於虎口和掌心，憑藉腿腰齊發的掤架前靠之勁將敵根力鬆動拔起。

第三式　左右雲手（方向左右側前方）

(1)左移合掌

身體稍左轉，右腳尖內扣，左腳尖外撇，重心逐漸向左腿移動；同時，左臂外旋，左掌向上至右肋前，掌心向內；右臂內旋，右掌畫弧至右側方，掌心側向外，指尖斜向上；眼看右掌。（圖1-9）

(2)左雲併步

身體左轉，重心移至左腿，右腳向左腳側平行落步，腳尖先著地，然後全腳掌踏實；同時，左掌向上經臉前向左側弧形運轉，掌心逐漸翻轉向外，指尖斜向上，腕與肩平；右掌向下經腹前向左側方弧形運轉，掌心逐漸翻轉向上，指尖斜向左，高與肋平；眼隨左掌移動。（圖1-10、圖1-11）

圖1-9

圖1-10

圖1-11

圖1-12　　　　　　圖1-13

（3）右雲開步

身體右轉，重心移於右腿；左腳向左橫開一步，前腳掌先著地，隨即全腳掌踏實，兩腳平行；同時，右掌向上經臉前向右側方弧形運轉，掌心逐漸翻轉向外，指尖斜向上，腕與肩平；左掌向下經腹前向右側方運轉，掌心逐漸翻轉向上，指尖斜向右，高與肋平；眼隨右掌移動。（圖1-12、圖1-13）

（4）左雲併步

身體左轉，重心移於左腿；右腳向左腳側落步，腳尖先著地，隨之全腳掌踏實，兩腳平行，與肩同寬；左掌經

圖1-14　　　　　　　　圖1-15

臉前向左側弧形運轉，掌心逐漸翻轉向外，指尖斜向上，
腕與肩平；右掌向下經腹前向左側方運轉，掌心逐漸翻轉
向上，指尖斜向左，高與肋平；眼隨左手轉動。（圖
1-14、圖1-15）

 要　點

①雲手以腰爲軸心左右運轉，運轉時前臂內旋帶動手
掌翻轉，要求重心的移動、腰的轉動和側行步法協調配
合。

②側行步時，無論是側出腳落步，還是提腳收步，皆
要求腳尖先落地，再全腳掌落實；提腳收步後兩腳平行，
腳尖朝前，腳外側同肩寬。整式動作輕起輕落、重心穩

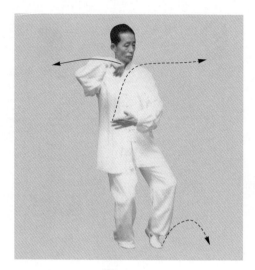

圖1-16

定、兩腿虛實分清。

③手法爲兩手上下交錯，向左或向右畫橢圓，要隨前臂的內旋逐漸翻掌，沉肩垂肘，兩臂掤圓，兩腋窩虛含，要有意識地鍛鍊兩臂的掤撐之勁。

第四式　單鞭（方向正東）

（1）扣腳勾手

身體稍左轉；右腳尖內扣45°，重心穩於右腿，左腳跟提起；同時，左掌向下、向右畫弧至右肋前，掌心斜向上，指尖斜向右；右掌向上畫弧經臉前逐漸握成勾手至右肩前，勾尖向下；眼看前方（東南）。（圖1-16）

圖1–17

（2）弓步推掌

左腳向左前方上步，左腿屈膝前弓，成左弓步；同時，左掌向上畫弧經臉前隨臂內旋逐漸翻轉向前推出，掌心斜向前，指尖向上，腕與肩平；右勾手向右後方伸展，勾尖向下，腕與肩平；眼看前方（正東）。（圖1–17）

要　點

① 右腳內扣踏實，屈膝下蹲，左腳跟提起，要充分體現右實左虛的勢態，多練此動會增加腿部力量，從而增強體質、增加內勁。

② 單鞭過程中，右勾手與左掌要上下相合，然後同時前後分開，符合太極拳要合都合、要開都開之法則。單鞭

定勢，前後腳內側之間的寬度約一拳寬，不要在一條直線上，同時左肘與左膝上下相合，方向一致。右勾手伸舉，略與左掌成 135°，兩手遙相感應，前後稱衡。

③ 定勢時上體正直，上領頂勁，半面側向前方，雙肩鬆沉，雙肘下垂，收胯斂臀。

第五式 手揮琵琶（方向正東）

（1）跟步擺掌

身體左轉至面向前方，重心穩於左腿；右腳向前跟進半步，前腳掌輕落於左腳後，與左腳相距約一腳長；同時，右勾手變掌，向左平擺於體前，掌心斜向下，指尖斜向上，腕與肩平；左掌向下畫弧至胯前外側，掌心向下，指尖向前；眼看前方（正東）。（圖1-18）

圖1-18

（2）後坐引掌

身體稍右轉，右腳跟內扣45°踏實，重心後移於右腿，屈膝半蹲，左腳稍向前移，後腳跟著地，成左虛步；同時，左掌向上，隨左臂屈於體前，掌心向右；右掌隨屈臂回收於左肘內側，掌心向左；眼看前方。（圖1–19）

圖1–19

圖1-20

（3）虛步合推

左虛步不變，身體稍左轉；同時，兩掌保持間距，稍向右、向下再向體前側掌推出，左掌心向右，指尖斜向上，高與鼻平，右掌心合於左肘內側，指尖斜向上；眼看前方（正東）。（圖1-20）

要　點

① 重心前後移動要平穩過渡、立身中正，不要上下起伏過大。

② 虛步時，上體要正直，半面側向前方，沉胯、斂臀，保持左側手與腳、肘與膝、肩與胯上下相合。

圖1-21

③兩掌前後交錯相合與前推，兩臂微屈成弧形，不可夾緊腋部，要沉肩垂肘、舒展飽滿。兩掌之間距離保持不變，前掌要有合於對方腕部之意，後掌合於對方肘部之意，出手一長一短、一前一後、一伸一屈、三尖相照，前後呼應。

第六式　白鶴亮翅（方向正東）

（1）虛步合掌

重心穩於右腿，左腳原地變爲前腳掌著地，成左虛步；同時，左右兩掌皆內旋翻轉，手心向下，在體前相合，左掌在上，兩掌指斜向上；眼看前方。（圖1-21）

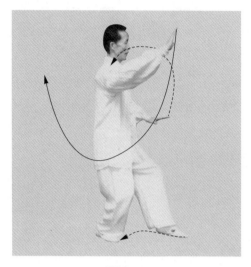

圖1–22

（2）虛步分掌

重心繼續穩於右腿，左虛步不變；右掌經左掌下，稍向右、向上分至右額前，掌心向前，指尖向上；左掌經右手背向左下按於胯前外側，掌心向下，指尖向前；眼看前方。（圖1–22）

要　點

① 此式步法應在原地變換，成虛步時，腳尖不可向前移動過大或向後縮回過多，兩腿要分清虛實，七分在後腿，三分在前腿。

② 兩手右上左下分開時，右手基本呈直線上提分格，不可揚肘，右掌意念含於掌心和掌外沿，左掌意念含於掌

圖1-23

心。

③定勢時，含胸拔背，沉肩垂肘，鬆腰鬆胯，精神貫注，沉著穩定。

第七式　摟膝拗步（方向正東）

（1）收腳擺臂

身體右轉，重心穩於右腿，左腳回收落在右腳內側，腳尖點地；同時，右掌自頭前下落，擺臂上舉於右肩側，掌心向外，指尖向上；左掌上擺，經頭前擺落於右肩前，掌心斜向內，指尖斜向上；頭隨上體轉動，眼看右手。（圖1-23）

（2）上步屈收

身體稍左轉，左腳向左前方邁步，腳跟著地，成左虛步；同時，右掌隨右臂屈肘收於耳側，虎口對耳，掌心向前，指尖向上；左掌下落至腹前，掌心向下，指尖向右；眼看前方。（圖1-24）

（3）弓步摟推

身體繼續左轉，左腳掌踏實，左腿屈膝前弓，成左弓步；同時，左掌經左膝前向左摟過，按於左腿外側，掌心

圖1-24

向下，指尖向前；右掌向體前推出，掌心斜向前，指尖向上，腕與肩平；眼看前方（正東）。（圖1-25）

要　點

① 弓步時，兩腳內側間距應保持在30公分左右或略小於肩，不要踩在一條直線上或左右交叉。

② 左腿向前邁步時，右腿要坐實，左大腿帶小腿，蓄勁於膝，帶起腳跟向前邁步，輕起輕落，做到「邁步如貓行」。

③ 定勢時，保持上體中正，沉肩垂肘，沉胯收臀，右肩不可前探。

圖1-25

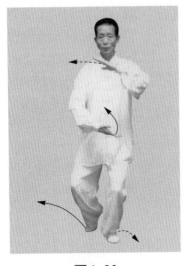

圖1-26　　　　　　　　圖1-27

返回原地：

第八式　斜飛勢（方向西北）

（1）轉體合掌

　　重心穩於左腿，左腳尖內扣踏實，身體右轉，右腳收點於左腳內側；同時，左掌向上，屈左臂合於胸前，掌心向下；右掌向右、向下，屈右臂合於腹前，掌心向上；眼看前方。（圖1-26）

（2）弓步挒按

　　身體稍右轉，右腳向前方邁步成右虛步，然後左腳跟

圖1-28

外撇，左腿自然伸直，右腿屈膝前弓，成右弓步；同時，兩掌上下分開，左掌經右前臂下按於左胯旁，掌心向下，指尖向前；右掌向右膝前上方挒出，掌心與指尖斜向上，高與額平；眼看前上方。（圖1-27、圖1-28）

要　點

①　上體右後轉時幅度較大，重心移動平穩；右腳邁步之前，先要碾腳尖，待膝關節正對西北，再上步成右弓步，避免出現「搶步」或砸地現象。

②　右掌向右前上方挒出時，要以右肘帶動前臂，前臂帶動掌向上伸展於額前上方，意念含於拇指外側，右臂和右腿上下相對。左掌向下採時，也要以肘帶前臂，臂帶掌

圖1-29

而行按於左胯外側，意念合於掌心。

　③定勢時，方向爲西北30°，上體稍前傾，身體半面側向前方，右肩不可前探。

第九式　提手上勢（方向西北）

(1)跟步提掌

　　重心前移，左腳跟進半步，前腳掌著地，腳跟內扣踏實，重心回移至左腿；提右腳跟，身體稍左轉；同時，兩掌向外，屈臂帶動兩掌經耳側向裏收於胸前，右掌在前，左掌在後，兩掌心斜相對；眼看前方。（圖1-29）

圖1-30

（2）虛步合舉

右腳稍向前落步，後腳跟著地，成右虛步，身體稍右轉；同時，兩掌稍向下、向前畫弧提舉於右腿上方，右掌指高與鼻平，左掌心斜對右肘內側，指尖皆斜向上；眼看前方（西北）。（圖1-30）

要　點

① 兩掌先外撐再裏合，做到兩臂相繫，前後有搓提之勁；要兩肩鬆沉，兩肘下垂，身體半面側向前方，右手尖、鼻尖、右腳尖三尖相照。

② 成虛步時，右腿膝蓋不可挺直，要虛而不空，留有

三分力量，左腿存有七分力量，做到勁以曲蓄而有餘。

③定勢時上體正直，鬆腰沉胯，兩肘下垂，收斂臀部。

第十式　進步搬攔捶（方向正西）

（1）收腳擺拳

右腳收點於左腳內側，身體左轉；同時，右掌隨右臂內旋握拳，向下、向左屈臂收至左肋前，拳眼向裏；左掌隨左臂內旋，翻掌向下、向上舉至左肩前，掌心向外，指尖斜向上；眼看左側前方。（圖1-31）

（2）弓步搬拳

右腳向前邁出一步，右腿屈膝前弓，成右弓步，身體右轉；同時，右拳以肘爲中心向上、向前、向下搬壓至胸前，拳心向上，拳眼向右；左掌下落於右拳前，掌心斜向下，指尖斜向右；眼看前方。（圖1-32）

（3）虛步左攔

身體稍右轉，右腳尖外撇45°踏實，左腳向左前方邁出一步，後腳跟著地，成左虛步；同時，右拳向裏畫弧收至右腰側，拳心向上，拳眼向外；左掌回收經臉前向下、向前攔於左腿上方，掌心斜向下，指尖斜向上，腕與肩平；眼看前方。（圖1-33、圖1-33附圖）

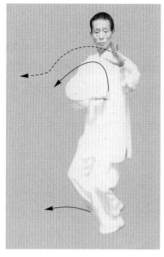

圖1-31

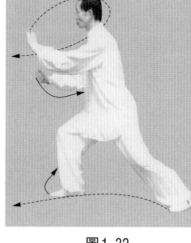

圖1-32

圖1-33

圖1-33附圖

圖1-34

（4）弓步打拳

左腳踏實，左腿屈膝前弓，成左弓步；同時，右拳隨臂內旋向胸前打出，右臂微屈，拳心向左，拳眼向上；左掌回收附於右前臂內側，掌心向右，指尖向上；眼看前方。（圖1-34）

要　點

① 本式手法由搬、攔、捶三個技擊動作組成，每個手法動作到位，不可間斷，並與步法協調配合，做到「輕靈活潑虛實走，四肢隨腰內外合」。

② 搬拳時，以肘為中心，折疊翻壓，拳不可遠離胸部，肘不可夾緊腋部；攔掌時，用掌外沿經體前向腿上方

圖1-35

攔出，臂不可伸直，左肘與左膝上下相對，左掌與右肘有前後對拉之意；打拳時，拳隨臂內旋慢慢向胸前打出，不可快速翻拳，弓腿、出拳和收掌要一氣呵成。

③定勢時，上體正直，沉肩垂肘，鬆腰沉胯，右臂微屈，左臂撐圓。

第十一式　上步攬雀尾（方向正西）

(1)右拳變掌

左腳尖外撇，右腳跟提起，身體稍左轉；同時，右拳向前引伸變掌，掌心斜向下，指尖斜向上，腕與肩平；左掌隨臂外旋翻腕合於右臂下，掌心向上，指尖向前；眼看右掌。（圖1-35）

圖1-36　　　　　　　圖1-37

（2）虛步合掌

身體稍左轉，右腳向前邁出一步，後腳跟著地，成右虛步；同時，右掌畫弧向下，隨屈臂收於腹前，掌心斜向上，指尖斜向左；左掌畫弧向下、向左、向上，隨屈臂收至胸前，掌心斜向下，指尖斜向上，兩前臂上下相合；眼看前方。（圖1-36）

（3）弓步左掤

身體稍右轉，重心前移至右腿，右腿屈膝前弓，成右弓步；同時，右掌經左臂外側內旋向上、向前畫弧於體前，掌心斜向前，指尖斜向上，腕與肩平；左掌隨臂外旋

圖1-38

掤於胸前,掌心斜向內,指尖向右肘內側,形成左掤勢;
眼看前方。(圖1-37)

(4)後坐下将

身體稍左轉後坐,重心後移,成右虛步;同時,兩掌
稍向左下将,左手将至腹前,掌心斜向上,指尖斜向前,
右掌将至體前,掌心斜向下,指尖斜向上,形成将勢;眼
看前方。(圖1-38)

圖1-39　　　　　　　　圖1-40

（5）轉體屈臂

重心穩於左腿，身體繼續左轉；同時，兩掌向下、向左畫弧，左掌向外舉於左肩前方，掌心向外，掌指向上，右臂平屈於腹前上方，掌心斜向內，指尖向左；眼看左手。（圖1-39）

（6）胸前搭掌

身體右轉；同時，右掌向上畫弧至胸前，掌心向內，指尖斜向右；左掌隨上體右轉，與右臂合於胸前，指根搭於右腕內側，掌心斜向前，指尖斜向上；眼看前方。（圖1-40）

圖1-41　　　　　　　圖1-42

（7）弓步前擠

重心前移，右腿屈膝前弓，成右弓步；同時，左掌推送右前臂向體前擠出，與肩同高，兩臂撐圓，形成擠勢；眼看前方。（圖1-41）

（8）兩掌前伸

重心穩於右腿；右掌內旋翻轉，手心向下，左掌從右腕上方向前伸出翻轉向下，兩掌左右分開，與肩同寬，指尖皆向前；眼看前方。（圖1-42）

圖1-43

（9）後坐引掌

重心後移，左腿屈膝，成右虛步，右膝微屈；同時，
兩掌稍向上畫弧屈收於胸前，兩掌心斜向前，指尖向上；
眼看前方。（圖1-43）

（10）弓步前按

重心前移，右腿屈膝前弓，成右弓步；同時，兩掌沿
弧形推按至體前，兩腕與肩同高、同寬，兩掌心斜向前，
指尖向上，形成按勢；眼看前方。（圖1-44）

圖1-44

要　點

① 本式包含掤、捋、擠、按四個手法，每個手法之間
既不可間斷，又要相互關聯，做到勢變勁不斷，緩慢柔
和，連綿不斷。

② 掤勢要沉肩垂肘，前臂橫出，臂在胸前撐圓，肩關
節不可前探，意念含於前臂；捋勢要圓活柔順，順勢而
取，兩手之間的距離基本保持不變，捋化時坐腰落胯，身
體始終要正直轉體，不可前俯後仰，意念含於掌心；擠勢
要尾閭中正神貫頂，前擠時臂要略成橫形，沉肩垂肘，兩
臂撐圓，上體不可過於前傾，做到手到腳到、上下相隨和
立身中正，意念含於前臂外側；按勢要虛領頂勁，落胯斂

圖1-45　　　　　　　　圖1-46

臀，兩手距離略窄於肩寬，後坐引手和弓步前推上下之弧不宜過大，兩臂保持弧形，沉肩垂肘，意念含於兩掌心。

③ 整式動作要上體正直，頂頭立腰，以腰帶動手臂，臂帶動手掌而行，周身相隨。

第十二式　十字手（方向正南）

（1）扣腳擺掌

右腳尖內扣 90°，身體左轉至正南，成右側弓步；同時，兩掌向左擺至體前，掌心側向前，指尖斜向上，兩腕與肩同高、同寬；眼看前方。（圖1-45）

圖1-47

（2）側弓分掌

身體稍左轉，左腳尖外撇，重心左移，成左側弓步；同時，兩掌左右畫弧舉於身體兩側，掌心斜向外，指尖斜向上；眼看左手。（圖1-46）

（3）收腳合掤

身體微右轉，左腳尖內扣，重心回移於右腿，左腳向右提回半步，兩腿屈膝下蹲；同時，兩掌下落畫弧，兩腕交叉收於腹前，右掌在下，掌心斜向上，成斜十字形；然後兩掌向上畫弧掤架於胸前，掌心皆向內，高與肩平；眼看前方。（圖1-47—圖1-49）

圖1-48

圖1-49

 點

① 從右向左或從左向右移動重心時，要立身中正安舒，腰要鬆挺，不可低頭彎腰和後仰。

② 兩手分舉、體前合抱上掤胸前，兩臂要走弧形，臂微屈掤圓，不可僵直。

③ 合抱於腹前時，要收回左腿，做到上下相隨，手腳的動作要齊起齊止，協調一致。

圖1-50

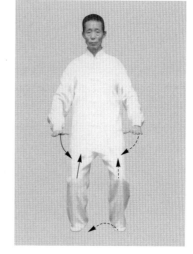

圖1-51

第十三式　收勢（方向正南）

（1）直立分掌

　　兩腿慢慢直立；同時，兩臂內旋，帶動兩掌翻轉，稍向左右分開，與肩同寬、同高，掌心向下，掌指向前；眼看前方。（圖1-50）

（2）屈膝下按

　　兩腿屈膝下蹲；同時，兩臂帶動兩掌向下畫弧按於胯兩側，掌心向下，掌指向前；眼看前方。（圖1-51）

圖1-52

（3）無極勢

兩腿自然直立，左腳向右腳併攏，成併步；同時，兩掌下垂貼於大腿外側，恢復成起勢中的無極勢；眼看前方。（圖1-52）

要 點

① 兩手左右分掌時，要邊分邊翻轉使掌心向下，不可突然翻腕，更不可折腕花翻轉掌心。

② 兩手下按時，要用上臂帶動肘、肘帶動前臂及手掌慢慢下落，不能直臂下落和挺胸聳肩。

③ 左腳向右腳併攏時，做到輕起輕落，上體保持正

直，呼吸平穩自然。

收勢和起勢同樣重要，不可因為動作簡單，草率地一帶而過，切忌馬虎。太極拳的收勢動作，看似整套動作的結束，實則意念猶存神氣在，氣血正流暢於全身，所以收勢動作應該停留片刻，繼續調整氣息，或是緩慢離開，或是再多練幾遍，這種自我調節的健身方法，若能常年不懈地堅持，則養生健體效果俱佳。

（五）楊派太極拳十三式連續動作圖

圖1-1

圖1-2

圖1-3

圖1-4

圖1-5

圖1-6

圖1-7

圖1-8

圖1-9

圖1-10

圖1-11

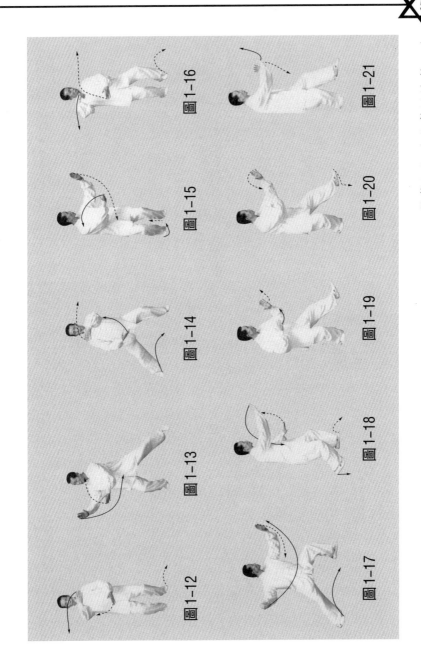

圖1-16　圖1-15　圖1-14　圖1-13　圖1-12

圖1-21　圖1-20　圖1-19　圖1-18　圖1-17

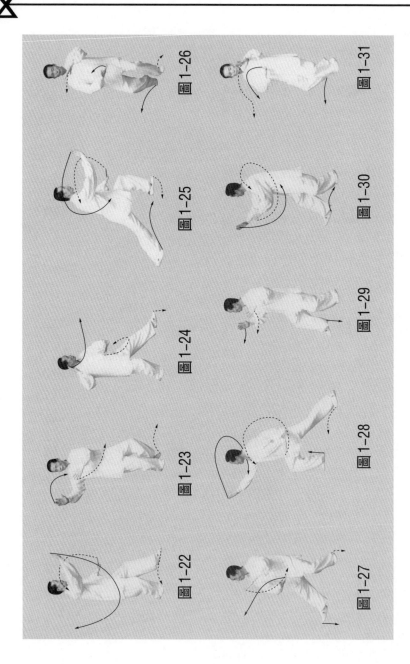

圖1-26

圖1-25

圖1-24

圖1-23

圖1-22

圖1-31

圖1-30

圖1-29

圖1-28

圖1-27

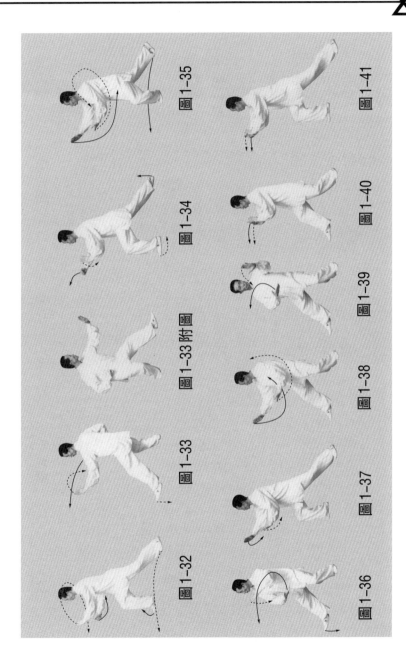

圖1-35

圖1-34

圖1-33附圖

圖1-33

圖1-32

圖1-41

圖1-40

圖1-39

圖1-38

圖1-37

圖1-36

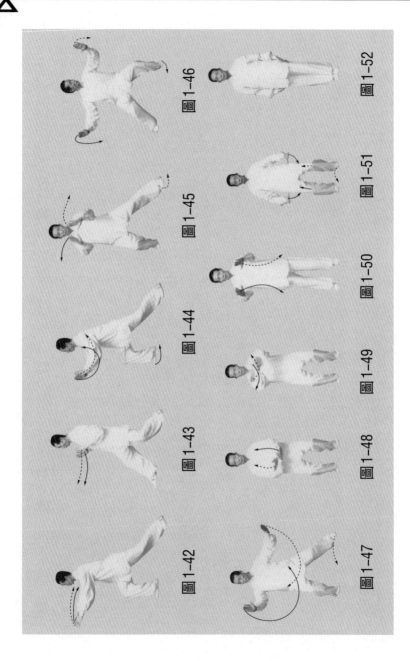

圖1-46
圖1-45
圖1-44
圖1-43
圖1-42
圖1-52
圖1-51
圖1-50
圖1-49
圖1-48
圖1-47

二、楊派太極劍十三式精練

（一）楊派太極劍十三式簡介

楊派太極劍十三式，是以傳統楊式太極劍51式套路爲基礎，面向廣大初學者的入門套路，本著簡便、易學、易練、易掌握的原則，在傳統套路的基礎上進行了精心的選編，選取原套路中部分有代表性的動作和經典劍法，保留其傳統的風格特點、練習方法和練功要求，編排合理，動作合順，簡便易學，有助於初學者掌握和練習傳統楊式太極劍。

楊派太極劍十三式的風格特點是：劍勢美觀大方、步法清楚、劍法準確、平穩緩慢、以意運劍、身械合一。

其套路動作簡單，易學易練，往返僅有13個動作組合，前進方向有6個，返回原地有7個。劍法包括纏繞、戳、截、架、刺、斬、劈、壓、抽、捧等，從起勢到收勢用時2~3分鐘，套路短而精，極大地提高了初學者練習太極劍的興趣。

經常練習不僅有利於學練者養成良好的生活習慣，而且有助於緩解工作和生活中的各種壓力，提高生活品質和身體素質。

(二)楊派太極劍十三式簡譜

前進方向：

第 一 式　開步合劍

第 二 式　弓步前指

第 三 式　虛步前戳

第 四 式　獨立架劍

第 五 式　弓步下刺

第 六 式　弓步探刺

返回原地：

第 七 式　轉身劈劍

第 八 式　併步點劍

第 九 式　叉步斜斬

第 十 式　虛步壓劍

第十一式　歇步抽劍

第十二式　開步捧劍

第十三式　併步合劍

圖2-1

（三）楊派太極劍十三式動作圖解

前進方向：

第一式　開步合劍（假設面向正南）

（1）併步抱劍

　　兩腳併步站立；左手心向前握劍柄，劍身垂於左臂前，劍尖向上，右手五指併攏，貼靠於右腿外側；眼看前方。（圖2-1）

圖2-2

（2）開步分舉

　　左腳向左開步，與肩同寬；同時，左手抱劍、右手握成劍指，兩手向兩側分舉，手心向前，高與肩平；眼看前方。（圖2-2）

（3）開步持劍

　　下肢動作不變；左手抱劍，劍柄領先，臂內旋向前畫弧至左肩前，下落於左胯側，手心向後，成左手持劍；同時右手劍指隨臂內旋向前畫弧至右肩前，下落於右胯側，手心向下，劍指向前；眼看前方。（圖2-3—圖2-5）。

圖2-3

圖2-4

圖2-5

要　點

① 身體要正直，左手持劍繞環，劍尖和劍刃均不可觸及身體。

② 劍把和劍指隨臂內旋繞環時，要以肘爲中心繞弧，高不過頭，繞弧時劍尖稍下垂。

③ 要虛領頂勁，兩肩鬆沉，心靜體鬆，協調圓活。

楊派太極劍十三式，是以傳統楊式51式太極劍中的經典動作爲代表，其中起勢動作與其他劍術預備勢和起勢不同，以併步抱劍的姿態出現，運行時兩手皆以肘關節爲中心，從兩側向前畫小圈繞環，意含起動就有陰陽與開合。左手用劍把向左側畫弧，手心向上意爲陽、爲開勢，內旋

崔毅士真傳楊派太極十三式——拳·劍·刀·棍·槍精練

圖2-6

翻轉向下為陰、為合勢；同樣右手劍指向右側畫弧，手心向上意為陽、為開勢，內旋翻轉向下為陰、為合勢。動作別具風格，特點突出。

第二式　弓步前指（劍指正東）

(1)右左舉臂

　　身體半面右轉；同時，右手劍指經體前舉至右側前方，手心向外，指尖斜向上，腕與肩平；左手持劍，劍柄領先經體前，屈臂舉至右肘內側，手心向下；眼看右手劍指。（圖2-6）

圖2-7　　　　　　　圖2-8

隨即身體再半面左轉，右腳尖內扣45°踏實；同時，左手持劍，劍柄領先，經體前平舉至左側前方，手心向下，腕與肩平；右手劍指經體前屈臂平舉至左肘內側，手心向下；眼看左手。（圖2-7）

（2）轉體收腳

身體稍右轉，右腿屈膝下蹲，左腳收點於右腳跟內側；同時，劍柄領先，屈肘畫弧經臉前下落於右肩前，劍身貼靠於左前臂，手心向外，劍尖向左；右手劍指向上翻腕，從下經腹前向外翻腕，舉至右肩側上方，手心斜向外，指尖斜向上，腕與肩平；眼看右手劍指。（圖2-8）

圖2-9

(3)虛步收指

身體稍左轉，左腳向左前方上步，後腳跟落地，成左虛步；同時，右劍指收舉至耳側，手指向上，手心向前；左手持劍下落於腹前，手心斜向下；眼看前方。（圖2-9）

(4)弓步前指

身體繼續左轉至前方（正東），重心前移，左腿屈膝前弓，成左弓步；同時，左手持劍，劍柄領先經體前向下摟至左膝外側，劍身豎直於左前臂後，劍尖向上；右手劍指經耳旁隨轉體向前指出，手心斜向前，腕與肩平；眼看前方。（圖2-10）

圖2-10

要　點

①弓步時，要一腿穩定重心，另一腿向前邁步，腳跟先著地，屈膝前弓，不能超過腳尖，前後腳的橫向距離約與肩寬。屈膝下蹲虛點腳尖時，要用前腳掌點於另一腳腳跟的內側，兩腳橫向距離一拳寬。以下動作中凡是做弓步或虛點的腳尖動作時，都應如此。

②兩臂的左右畫弧要以腰帶動而行；左手持劍，劍刃不能觸及身體，右手劍指向前指出，不宜超過身體中線。

③轉體、弓步與劍把左摟、右手劍指向前指出，要協調柔和、自然連貫，同時完成；定勢時要立身中正安舒，沉肩垂肘。

第三式　虛步前戳（劍把東南）

身體微右轉，重心穩於左腿，右腳向右側前方上步，前腳掌著地；同時，左手持劍上提劍柄，經右手劍指上方向前穿出，手心向下，高與喉平；右手劍指擺向東南，外旋翻轉，手心向上，回收托住劍穗，手指斜向左；眼看前方。（圖2-11）

圖2-11

① 虛步方向爲東偏南30°，右膝蓋微屈，兩腳橫向距離約30公分。

② 劍柄戳擊時，要屈肘上提劍柄，劍身貼於左前臂，劍尖略下垂，並與右劍指托劍穗形成上下交錯姿勢，力注劍把後端。

③ 劍柄穿擊、劍指回收與腳掌著地，三者要同步進行，連貫圓活。

戳劍是傳統楊式太極劍中特有的用劍方法，運用劍柄後端戳擊對方。此動上存頂頭懸，中藏進攻，下有虛步，靈活多變。

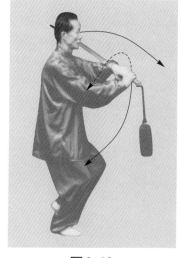 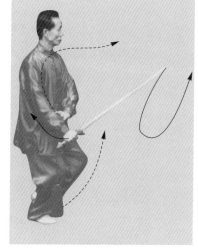

圖2-12　　　　　　　　圖2-13

第四式　獨立架劍（劍尖正東）

(1)接劍下撤

右腳跟下落，全腳踏實，重心前移至右腿，左腳跟至右腳內側，腳尖點地；同時，右手接握劍，立劍從左臂外側，經體前下撤於右胯前，手心向左，劍尖與胸平；左手變爲劍指，附於右前臂；眼看劍尖。（圖2-12、圖2-13）

(2)獨立架劍

左膝提起，腳尖下垂，右腿直立支撐，成右獨立步；同時，右手持劍內旋翻腕，經體前向頭右側上方撐架，手

圖2-14

心向外，劍尖向左略低；左手劍指向上經下頜向左指出，手心斜向前，指尖向上，腕與肩平；眼看劍指。（圖2-14）

要　點

①右腳跟要在原地下落，不可任意扭轉挪動，落腳應在東南45°。

②右手接握劍後，要從左側向體前畫圓，劍刃不可觸及左臂；回撤劍身時，右肘不能上揚或夾緊腋部，腋下應留出一拳空隙。

③架劍時劍身要由下向上橫向架起，劍刃向上舉過頭頂，劍尖略低，力達劍身前段。

　　獨立架劍動作，是以楊式傳統51式太極劍中的「大魁星」爲基礎，魁星是星座名，是北斗七星中形成斗形的四顆星，它在古代神話故事中屬於主管天空文事的星宿。「大魁星」動作，借助神話傳說，勾畫出舒展大方、優美瀟灑的劍勢動作，寓意頂天獨立，撐架四海，劍法變化，多姿文雅。

　　在練習向上架撐動作時，要注意重心穩在右腿之後再提左膝獨立。獨立時，上體正直，不可前俯後仰，右腿自然直立，左膝儘量上提（膝蓋指向正東），腳尖下垂微內扣護住襠部。要求做到左肘與左膝、劍指與劍尖上下相合。

第五式　弓步下刺（劍尖東南）

　　身體微右轉，右腿屈膝下蹲，左腳向左前方上步，左腿屈膝前弓，成左弓步；同時，右手持劍，下落向內裹捲於腰側，然後向右側下方刺出，手心斜向上，劍尖高與左膝平；左手劍指向右經臉前下落附於右腕上，然後向左、向上撐舉於頭左上方，手心斜向上，劍指斜向右；眼看劍尖。（圖2-15、圖2-16）

圖2-15

圖 2-16

要　點

①左腳落地的方向爲東偏北約 30°，左腳跟著地與左劍指回收、右手持劍下落向內裏捲要協調一致，同時完成。

②左弓步時膝蓋不要超過腳尖，兩腳的橫向距離約大於肩寬，上體正直，鬆胯斂臀。

③下刺劍時，劍身應與手臂成一直線，勁力達於劍尖，方向爲東偏南 30°，左腿屈膝前弓、左劍指上舉與向下刺劍三者要上下相隨，協調一致，同步完成。

第六式　弓步探刺（劍尖正東）

右腳向前上半步，重心移至右腿，左腳向左前方上步，左腿屈膝前弓，成左弓步；同時，右手持劍回抽於腰右側，臂內旋翻腕，向頭右側前上方探刺，手心向外，劍尖斜向前上方；左手劍指下落附於右前臂內側，手心向外，指尖向上；眼看劍尖。（圖2-17、圖2-18、圖2-18附圖）

要　點

① 右腳向前上步，重心先穩於右腿，後再上左步成弓步，不能搶步；重心移動要平穩，右劍回抽與反手探刺要緩慢、柔和、連貫，協調一致。

② 反手向上探刺劍時，右手內旋翻腕要活把握劍，可採用食指壓住護手，其餘四指鬆握劍柄，劍身不要左右擺動，劍尖要向右肩前上方伸臂探刺，力達劍尖；定勢時上體略前傾，做到沉肩垂肘，鬆腰斂臀，動作舒展。

圖2-17

圖2-18

圖2-18附圖

圖2-19

返回原地：

第七式　轉身劈劍（劍尖正西）

（1）轉體帶劍

身體右轉，重心先移至右腿，左腳尖內扣，重心再回移至左腿，右腳收回至左腳跟內側，前腳掌著地；同時，右手持劍，臂外旋向上翻腕，經右腰側向左膝斜下方刺出，手心斜向內，劍尖高與膝平；左手劍指向右下畫弧，屈臂回收附於右臂上；眼看劍尖。（圖2-19）

圖2-20

（2）弓步劈劍

身體半面右轉，右腳向右前方上步，重心前移，右腿屈膝前弓，成右弓步；同時，右手持劍內旋翻腕向右前方劈出，手心向左，腕高與肩平；左手劍指，向下、向左畫弧舉於頭左上方，手心斜向上，指尖斜向前；眼看劍尖。（圖2-20）

要　點

① 重心移動要平穩、充分，右腳收回著地時，先要碾步後再提腳，以利於左腿重心穩定。

② 弓步和劈劍要上下相對，方向爲正西。弓步時兩腳

圖2-21

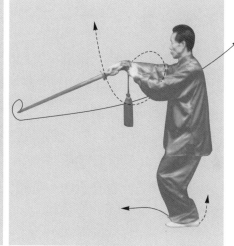

圖2-22

的橫向距離約與肩寬，身體中正安舒，不偏不倚，鬆胯斂臀，前弓腿膝蓋不超過腳尖。

③劈劍時應該用立劍由上向下直劈，手腕挺直，劍身與臂成一直線，力達劍身。要注意劈劍和點劍的區別，此動作易誤做成點劍。

第八式　併步點劍（劍尖正西）

身體右轉向正西，重心前移至右腿，左腳收提至右腳內側，成併步，兩膝微屈；同時，左手劍指下落附於右腕上，隨右手持劍屈肘沉腕下壓劍把至腹前，隨即伸臂提腕向體前點出，腕與肩平；眼看劍尖。（圖2-21、圖2-22）

要 點

① 雙腳併步時，兩腳不宜並緊，不宜平均分擔體重，應偏落於左腿上，身體中正安舒，鬆胯斂臀。

② 點劍時，手腕要上提下屈向前伸臂，劍尖要向前下方點啄，力達劍尖，要活把握劍，以拇指、無名指和小指著力握把，其他兩指鬆握。

③ 定勢方向應在正西，身體要端正、順舒、自然，沉肩垂肘，斂臀裹襠。

第九式　叉步斜斬（劍尖東北）

重心移向左腿，右腳向右側前方上步，重心前移至右腿，身體右轉，左腳跟提起，兩腿交叉，成叉步；同時，右手持劍隨轉體內旋使劍前端向右側上方斬劍，手心向下，腕與肩平，劍尖略高於腕；左手劍指向下、向左弧形撐於頭左上方，手心斜向上，劍指斜向劍尖；眼看劍尖。（圖2-23、圖2-23附圖）

要 點

①右腳要向西偏北30°方向上步，劍尖向東北方向斬出。

②斬劍時，右手握劍要隨臂內旋斬出，臂伸直與劍成一線，高度在頭與肩之間，力達劍前段。

③叉步右轉身時，要稍塌腰向右扭轉，不能過於前傾撐腰。

圖2-23

圖2-23附圖

圖2-24

第十式　虛步壓劍（劍身西南）

身體左轉，重心穩於右腿，左腳向左側前方上步，前腳掌點地；同時，右手持劍外旋使劍前端從右側上方下壓至西南，腕與肩平，手心向下，劍尖略低於腕；左手劍指下落附於右前臂上；眼看劍尖。（圖2-24）

要　點

① 壓劍時要力達劍身前端，劍柄貼於右腕下，劍尖下壓，並與左腳尖上下相對。身體中正安舒，兩肩鬆沉，兩肘不可上揚，也不可夾緊肋部。

② 提左腳向前成虛步時，不宜過大，膝部微屈，前腳

圖2-25

掌應在西南 30°方向著地。

③持劍下壓與左虛步、左手劍指附於右前臂三者上下相隨，協調配合，整個動作連貫圓活，一氣呵成。

第十一式　歇步抽劍（劍尖正西）

身體微左轉，左腳尖活步換成腳跟著地，腳尖外展向南，然後全腳掌踏實，右腳跟離地，兩腿交叉下蹲，成歇步；同時，右手持劍，隨臂外旋向右前方引伸，屈肘回抽劍柄，斜置於左膝內側上方，手心向上，劍尖斜向上，高與喉平；左手劍指經體前向左引伸，屈肘回收附於右腕上，手心向下，兩手合抱；眼看劍尖。（圖2-25、圖2-26）

圖2-26

① 左腳活步換步時要輕起輕落。歇步時兩腿交叉靠近全蹲，左腳全腳著地，腳尖外展，右腳前腳掌著地，右膝接近左膝外側，臀部坐於右腿接近腳跟處。練習時，初學者要根據自己腿部力量的強弱，選做高式半蹲歇步或全蹲式歇步。

② 右手持劍向前引伸，劍尖要略高，劍身控制在右胸前方，劍尖不能偏向左側。回抽劍把與左手劍指合抱要協調配合，動作舒展。

③ 定勢時，上體與劍尖均向西南，兩肩鬆沉，兩臂撐圓，兩肘不可上揚，也不可夾緊肋部。

圖2-27 圖2-28

第十二式　開步捧劍（劍尖正南）

　　身體微左轉，兩腿自然直立，右腳向右前方平行落
步，成開步，距離約同肩寬；同時，右手持劍隨臂內旋翻
腕手心向下，使劍尖從左向後、向右、向前畫弧至體前，
高與頭平；左手劍指外旋翻腕手心向上，從左側畫弧至體
前，與右手相合（左手捧托在右手背下）；眼看前方。
（圖2-27、圖2-28）

（要）（點）

　　① 右腳要隨兩膝慢慢向上伸直時向右側平行落步，腳
尖向前，要輕靈穩重。
　　② 開步捧劍要向正南方向，要沉肩垂肘，兩臂撐圓，

左手可用劍指，也可用掌，托於右手背下。

捧劍爲楊式太極劍中特有的劍法，右手握劍使劍尖朝上，左手捧托在右手背下面，形成能防守能攻擊的態勢，變換無窮。在傳統楊式51式太極劍中，稱爲「牙笏勢」，用「牙笏勢」比喻捧劍，在太極劍中還包含有上刺的意思。

第十三式　併步持劍（面向正南）

（1）左手握劍

開立步不變；右手持劍內旋翻腕向左臂翻壓，劍身貼於左臂上，手心向下，隨即鬆握劍柄交於左手心，右手變成劍指；同時左手握住劍柄，手心向上，將劍身穩於左臂上，劍尖向左後，成左手抱劍勢；眼看前方。（圖2-29）

（2）開步繞環

開立步不變；兩手手心向上同時向身體兩側畫弧至腕與肩平，然後以肘關節爲軸，前臂內旋繞環向前運行，高與肩平，手心均向下；眼看前方。（圖2-30—圖2-32）

圖2-29

圖 2-30

圖 2-31

圖 2-32

(3)併步持劍

重心右移，左腳向右腳併攏；同時，左手持劍下落於左胯旁，劍身豎直，手心向後；右手劍指變掌下落，輕貼於右腿外側，成併步持劍姿勢；眼平視前方。（圖2-33）

圖2-33

① 左手抱劍時，劍身輕貼前臂，以肘關節為中心向前繞環，劍把先行，劍身儘量靠近左臂，以免劍尖觸及身體。

② 兩手要同時繞環，兩肩鬆沉，兩肘下垂，精神集中。

③ 收勢如同起勢，要認真對待，決不可鬆懈。練習太極劍相對於練習太極拳來說，運動量比較大，收勢時要保持心靜體鬆，呼吸自然，稍候片刻，再走動放鬆，或休息或繼續練劍，這種鍛鍊方法，有益於調和氣息，養生健體。

（四）楊派太極劍十三式連續動作圖

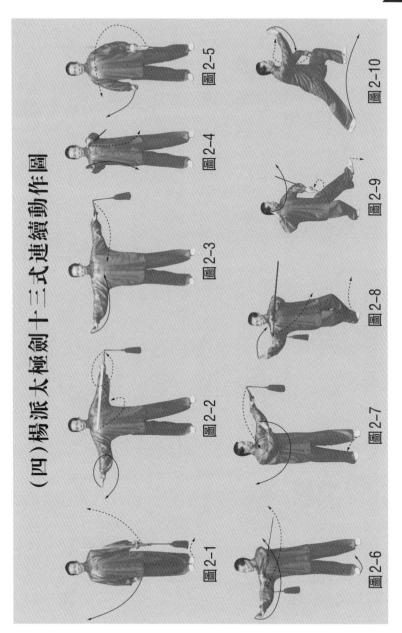

圖2-1　圖2-2　圖2-3　圖2-4　圖2-5

圖2-6　圖2-7　圖2-8　圖2-9　圖2-10

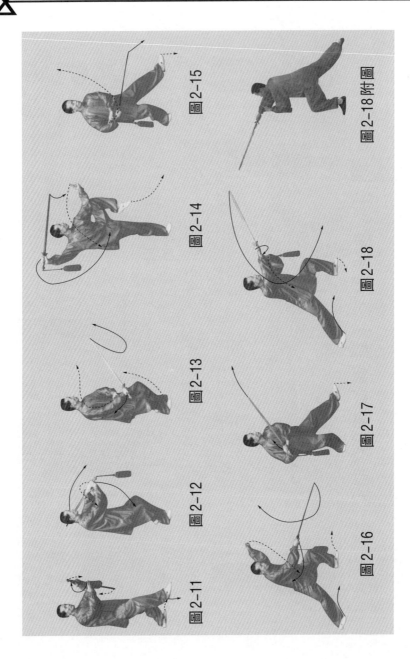

圖2-15

圖2-14

圖2-13

圖2-12

圖2-11

圖2-18附圖

圖2-18

圖2-17

圖2-16

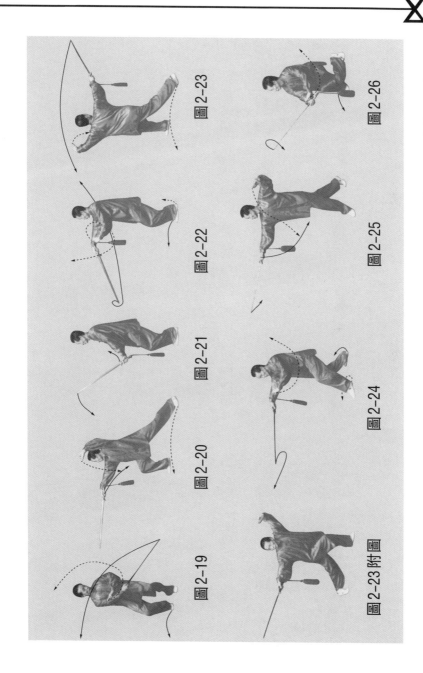

圖 2-23　　　　圖 2-22　　　　圖 2-21　　　　圖 2-20　　　　圖 2-19

圖 2-26　　　　圖 2-25　　　　圖 2-24　　　　圖 2-23 附圖

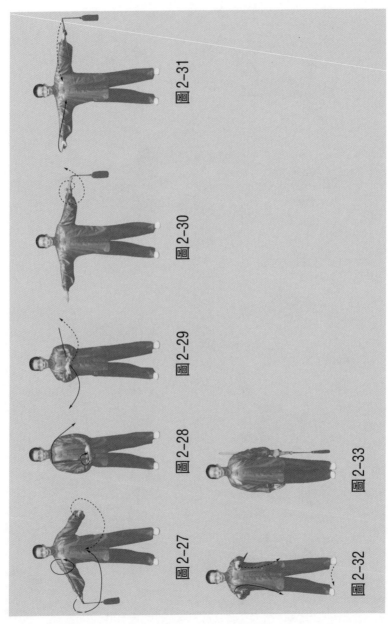

崔毅士真傳楊派太極十三式──拳・劍・刀・棍・槍精練

圖 2-31

圖 2-30

圖 2-29

圖 2-28

圖 2-27

圖 2-33

圖 2-32

三、楊派太極刀十三式精練

（一）楊派太極刀十三式簡介

楊派太極刀十三式，是以傳統楊式太極刀套路（30式87個動作）爲基礎，本著簡便、易學、易練、易掌握的原則，對傳統楊式太極刀套路進行了精心選編，選取了套路中部分有代表性的動作，並保留其獨特的風格特點、練習方法和練功要求。

編排合理，簡便易學，演練時間短，不受場地限制，是入門者的好幫手。

楊派太極刀十三式的風格特點是：架勢舒展大方、身法中正，動作合順、緩慢柔和，刀勢渾厚、剛柔相濟，上下相隨、連綿不斷，刀法與劍術合而爲一。全套刀式，往返僅有十三個刀式組合，前進方向有6個，返回原地有7個，刀法包括撩、架、藏、攔、推、截、刺、掛、纏頭等，從起勢到收勢只用2～3分鐘，套路短而精，能有效提高初學者練習太極刀的興趣。

經常練習楊派太極刀十三式，有利於練習者養成良好的生活習慣，疏通筋骨，調養氣息，增進健康，緩解各種壓力，建立良好的人際關係，提高生活品質和身體素質。

（二）楊派太極刀十三式簡譜

前進方向：

第 一 式　開步起勢

第 二 式　虛步七星

第 三 式　虛步跨虎

第 四 式　弓步撩刀

第 五 式　弓步架刀

第 六 式　獨立劈合

返回原地：

第 七 式　招掌藏刀

第 八 式　右劈攔刀

第 九 式　斜前推刀

第 十 式　纏頭斬刀

第十一式　下截斜刺

第十二式　掛刀打捶

第十三式　併步收勢

（三）楊派太極刀十三式動作圖解

前進方向：

第一式　開步起勢（假設面向正南，待動作熟練後不限方向）

（1）併步抱刀（方向正南）

身體正直，雙腳並立；左手抱刀，刀刃向前，刀背緊貼左臂，垂於身體左側，右手自然垂於身體右側；眼看前方。（圖3-1）

要　點

① 上體正直，雙肩鬆開，心靜體鬆，呼吸自然。
② 左手抱刀，刀尖朝上，刀刃朝前，不可觸及左臂。
③ 雙膝自然伸直，不可過於後挺。

（2）開步分掌（方向正南）

左腳開步，與肩同寬；同時，左手抱刀，刀刃向外，右手心向下，指尖向前，從兩側向上交叉於體前，右手在下，隨即平行分向兩肩前；眼看前方。（圖3-2）

圖3-1

圖3-2

（3）屈膝下按

兩腿屈膝；同時，兩手
分別下落至兩胯旁，左手抱
刀，刀刃斜向外，右手心向
下，指尖向前；眼看前方。
（圖3-3）

圖3-3

要　點

① 兩手在體前交叉
時，左手抱刀與右手背上下
交疊，要沉肩垂肘，兩臂保

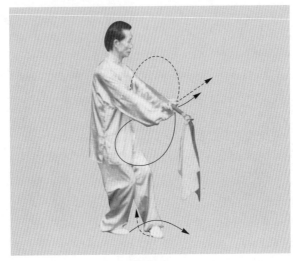

圖3-4

持弧形。

　　② 左右腿要隨兩手下落而慢慢屈膝。

　　③ 左手下落力注掌背，右手力注掌心。

第二式　虛步七星（方向正東）

（1）轉體合刀

　　身體稍左轉，右腳尖內扣 45°，重心移於右腿，左腳跟抬起；同時，兩手於體前交叉相合，左手在上，抱刀置於左前臂，刀刃斜向外；右手在下，手心斜向下，指尖向左；眼看左前方。（圖3-4）

圖3-5

(2)虛步七星

身體繼續左轉至正東，左腳提起下落，腳跟著地，腳尖外撇，重心移於左腿，右腳向右前方邁步，前腳掌著地，成右虛步；同時，兩手從體前分向胯兩側，左手抱刀，經胸向體前掤出，高與肩平，刀刃斜向上，刀尖向左後；右手在腰間握拳，向左手背前打出，拳心斜向左，拳眼斜向上；眼看前方。（圖3-5）

要 點

① 重心轉換要輕靈穩健，虛實分明。

② 左手抱刀前掤，力達刀把；右拳打出，力達拳面。

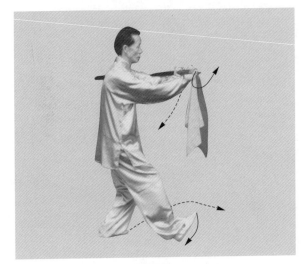

圖3-6

雙臂掤圓，雙肩鬆沉。

③定式時左手握刀與右拳上下交疊，要尾閭中正、鬆腰沉胯，身體不可歪斜。

第三式　虛步跨虎（方向正東）

(1)後坐點腳

重心穩於左腿，右腳原地變爲腳跟著地；同時，兩腕稍向前掤出；眼看前方。（圖3-6）

(2)虛步跨虎

右腳尖外撇45°踏實，重心移至右腿，左腳向前邁

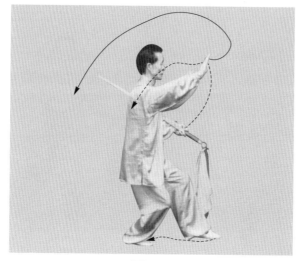

圖3-7

步，前腳掌著地，成左虛步；同時，左手抱刀，下落於左
胯前側，虎口斜向左，刀刃斜向上，刀尖向左後；右拳變
掌，向下、向外畫弧，撐於右額前外側，掌心斜向外，掌
指斜向上；眼看前方。（圖3-7）

要　點

①右腳要原地靈活換步，輕靈穩健，步法進退，須虛
實分明。

②定勢時，要立身中正舒適，鬆腰沉胯，沉肩垂肘，
兩臂撐圓，左手力達掌背，右手力達掌心和掌外沿。

圖3-8　　　　　　　　圖3-9

第四式　弓步撩刀（方向正東）

(1)收腳後攔

　　身體右轉，重心穩於右腿，收左腳點於右腳內側，隨即邁出一步，腳跟著地，成左虛步；同時，左手向上，將刀柄交於右手，隨身體右轉，右手持刀，攔截於右側方，刀刃向後，刀尖向上；左手畫弧從臉前下落於右腋前，掌心向外，指尖向上；眼看右前方。（圖3-8、圖3-9）

(2)弓步撩刀

　　身體左轉；左腳尖外撇 45°，重心移於左腿，右腳向

圖3-10

前上步，右腿屈膝前弓，成右弓步；同時，左手向左、向上畫弧橫撥，手心向左，指尖向上；右手持刀，順大腿外側向體前撩出，腕與肩平，刀刃向上，刀尖與喉平；眼看刀尖。（圖3-10）

要　點

① 做撩刀時，刀要沿身體右側豎立刀刃後撩至體前，臂微屈，力達刀刃前段，刀尖不能觸及地面，方向正東。

② 左手向左側撐舉要沉肩垂肘，腕微坐，力注掌外沿和掌心。

③ 右弓步、左手橫撥與撩刀要上下相隨，協調配合，並要在腰的帶動下同時完成。

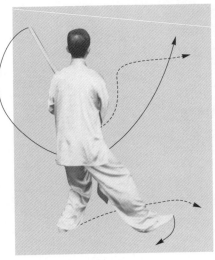

圖3-11　　　　　　圖3-11附圖

第五式　弓步架刀（方向正東）

(1)左側截刀

　　身體左轉，重心後移至左腿，右腳後撤半步，腳跟著地，成右虛步；同時，右手持刀，向左、向下畫弧，將刀身截於左前臂外側，刀刃向下，刀尖斜向上；左手經臉前下落，附於右手腕，手心向下，指尖斜向前；眼看左側方向。（圖3-11、圖3-11附圖）

(2)弓步架刀

　　身體右轉180°，右腳尖外撇45°踏實，重心移至右

圖3-12

腿，左腳向前邁步，左腿屈膝前弓，成左弓步；同時，右
手持刀，從腹前內旋翻腕向頭右上方撐架，手心向外，刀
刃向上，刀尖向前；左手從胸前畫弧向體前推出，手心斜
向前，指尖向上，腕與肩平；眼看左手。（圖3-12）

要　點

① 重心要先穩於左腿，然後右腳平穩回撤半步，要輕
起輕落，虛實分明。刀身與左臂相合時，刀要在身體左側
繞立圓。

② 右手握刀要隨臂內旋坐腕向上托架，力達刀刃全
段。

③ 左手向前推掌，要經胸前由屈到伸向前推出，力達

圖3-13

掌外沿。

第六式 獨立劈合（方向西南）

（1）右側劈刀

　　右腳尖稍外撇，左腳尖內扣，重心移於右腿，身體右後轉，面向西南，成右側弓步；同時，右手持刀，隨右後轉身向下劈至右肩前方，刀刃向下，刀尖向西南；左手經臉前向右下落，附於右前臂內側，手心向外，指尖斜向上；眼看刀尖。（圖3-13）

圖3-14

（2）左側分手

身體微左轉，左腳尖稍外撇，右腳尖內扣，重心移至左腿，成左側弓步；同時，右手持刀，隨臂外旋向上翻腕，刀刃向前，刀尖仍向西南，高與肩平；左手經胸前向左側平撐，腕與肩平，手心斜向外，指尖斜向上；眼看刀尖。（圖3-14）

（3）獨立合刀

右腿屈膝提起，腳尖自然下垂，左腿支撐，成左獨立步；同時，右手持刀隨屈肘，將刀環收回於頜前與左手相合，手心向內，刀刃向上，刀尖向西南；左手掌心輕貼刀

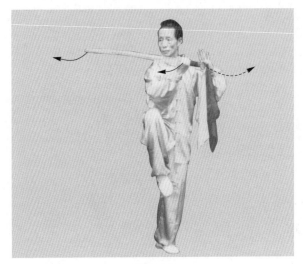

圖3-15

環，指尖向上；眼看刀尖。（圖3-15）

（4）獨立分刀

左獨立不變；兩手向身體兩側平行分開，右手心向上，刀刃向前，腕與肩平；左手心向外，指尖向上，腕與肩平；眼看刀尖。（圖3-16）

要 點

①獨立步要站穩，左腿宜自然直立，不可左右搖晃，右腿大腿抬平。

②兩手相合於頜前時，兩臂要撐圓，兩肘不可夾緊腋部。

圖3-16

③ 兩手平撐於肩兩側，兩肩鬆開，兩肘下垂，右手握刀，力達刀尖，方向西南，左手撐掌，力達掌根，方向正東。

返回原地：

第七式　抱掌藏刀（方向正西）

(1)虛步合刀

身體稍右轉；左腿屈膝，左腳跟為軸，腳尖稍內扣，右腳向前（正西）上步，腳跟著地，成右虛步；同時，右手持刀隨臂內旋向左下落至胸前，刀背斜置於左臂上，刀

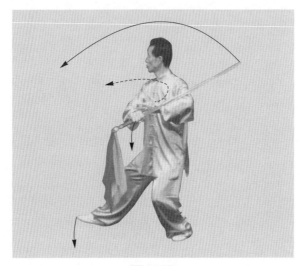

圖3-17

刃斜向上，左手隨臂外旋回收，將手背附於刀護上方；眼看前方。（圖3-17）

（2）捋掌藏刀

身體微右轉面向正西，右腿屈膝前弓，成右弓步；同時，右手持刀，使刀身向前、向下、向右大腿外側拉回，腕與胯平，刀刃向下；左手隨臂內旋立掌，用掌外沿順刀背向前捋出，手心斜向前，指尖向上，腕與肩平；眼看前方。（圖3-18）

 要 點

① 右手向下拉刀時，身體中正安舒，兩肩平行，鬆腰

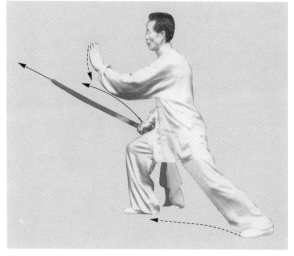

圖3-18

沉胯，力達刀刃中段。

　②左手前推，左肩不可過於前探，方向正西。

　招掌藏刀是楊式太極刀特有的刀法，招與太極拳中的捋同義，只是用力方向相反，太極拳中的捋是向下、向外用力，而太極刀的招是接觸物體向前用力。正確練法是：左手用掌外沿，順刀背後段前推小段距離，右手握刀回拉時，左手瞬間與刀背分離，繼續向前推掌，力注掌外沿。

第八式　右劈攔刀（方向正西）

（1）收腳前刺

重心穩於右腿，左腳向前收點於右腳內側，前腳掌著

圖3-19

地；同時，右手持刀，向體前刺出，刀刃向下；左臂屈肘下落，左手附於右前臂內側，手心斜向下，指尖斜向上；眼看刀尖。（圖3-19）

（2）右側劈刀

身體右轉，右腳尖外撇 45°，重心移於右腿，左腳向前邁出半步，腳跟著地，成左虛步；同時，右手持刀，隨身體右轉向上、向右外旋翻腕斜劈，手心向前，刀刃向右後方，腕與肋平；左手經臉前向右下畫弧下落於右胸前，手心斜向右，指尖斜向上；眼看右前方。（圖3-20、圖3-20附圖）

圖3-20

圖3-20附圖

圖3-21

（3）體前攔刀

身體左轉，左腳尖外撇45°，重心移於左腿，右腳向前邁步，右腿屈膝前弓，成右弓步；同時，右手持刀，順身體右側向體前攔截，手心向上，刀刃向左，腕與肩平；左手隨轉體經胸前向左肩外側攔掌，手心向左，指尖向上，腕與肩平；眼看前方。（圖3-21）

要　點

①左右腳向前邁步，要輕靈穩健，兩膝微屈，重心左右移動要虛實分明。

②刀從右側向前攔截，臂要外旋帶動翻腕，用腕部力

圖3-22

量控制刀身；攔刀時，右臂與右腿上下相對，方向正西。

③右手握刀，力達刀刃前段；左手向左撐舉，力注掌外沿和掌心。

第九式　斜前推刀（方向西北）

身體半面轉至西北，左腳向前與右腳併步，腳尖先著地，然後過渡到全腳掌著地，隨即右腳向後撤步，腳尖先著地，然後過渡到全腳掌，成左弓步；同時，右手持刀，隨臂內旋向左側畫弧，然後上提刀把向體前上方推出，右腕置於額前上方，刀刃斜向前，刀尖斜向下；左手隨轉體下落，扶於刀背前段，與右手同時向體前推出，手心斜向右，高與肩平；眼看前方。（圖3-22）

要　點

① 重心轉換要平穩扎實，併步和撤步都是腳尖先著地，然後全腳掌踏實。

② 右手持刀向左側畫弧要貼身走立圓；左手扶推刀背，由於太極刀面很窄，所以手指不宜露出刀刃以外，以免傷及手指。扶推時應張開拇指與小指，其餘三指第二關節垂直地貼推刀背。

③ 定勢時身體中正安舒，頂頭立腰，鬆胯斂臀，左肩不可前探。推刀時力達刀刃中、前段，方向西北。

第十式　纏頭斬刀（方向西北）

（1）纏頭護胸

重心仍在左腿，右腳前進半步，前腳掌著地；同時，右手持刀上提刀柄，從面前稍繞向腦側，刀刃斜向上，刀尖斜向下；左臂屈肘收護於胸前，左手接近右腋，手心向外，指尖向上；眼看前方。（圖3-23、圖3-23附圖）

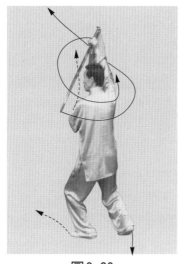

圖3-23　　　　　　圖3-23附圖

（2）纏頭斬刀

　　右腳跟內扣踏實，重心移於右腿，左腳向前（西北）上步，左腿屈膝前弓，成左弓步；同時，右手持刀，上提刀柄過頭，刀尖下垂，刀背順左肩外側貼背繞過右肩後向西北上方橫斬，刀刃向左，刀尖高與頭平；左手隨臂內旋，屈臂舉架於頭前上方，掌心向前，拇指向下，指尖斜向上；眼看前方。（圖3-24）

圖3-24

要　點

①　纏頭刀時刀尖必須下垂、刀背貼身從左肩繞過右肩；橫斬刀時力達刀刃前段，與左腿上下呼應，做到腿到、手到、眼到，姿勢舒展圓潤。

②　左掌舉架要在額頭上方，形成護頭狀，力注掌外沿，不要舉架於頭左側，以免失去防守含義。

③　定勢時，身體要中正安舒，頂頭立腰。

圖3-25

第十一式　下截斜刺（正東偏北）

（1）轉身架刀

重心後移，左腳尖內扣，身體右後轉至正東，重心移回於左腿，右腳尖稍向右調整，成右虛步；同時，右手持刀，內旋翻腕手心向下將刀背斜架於左前臂上，刀刃向外，左手外旋翻腕手心向上，從胸前穿至右手背上，兩手一起向體前舉架，高與肩平；眼看前方。（圖3-25）

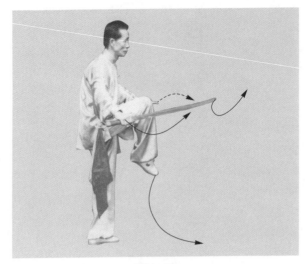

圖3-26

(2)獨立下截

右腿屈膝提起，腳尖下垂，左腿獨立支撐，成左獨立步；同時，右手持刀，向右下斜截於右膝外側，刀刃斜向下，腕與胯平；左手隨臂內旋翻腕斜按於胯左側，手心向下，指尖向前；眼看前方。（圖3-26）

(3)上步斜刺

右腳向右側前方上步，右腿屈膝前弓，成右弓步；同時，兩手合於體前，右手持刀，手心向下，刀尖刺向東北，刀刃斜向前，刀尖高與頭平；左手隨屈臂附於右前臂內側，手心斜向外，指尖斜向上；眼看刀尖。（圖3-27）

圖3-27

要 點

① 此動對初學者來說難度較大，在右後轉身的同時可以先收右腳點於左腳側，然後左腿逐漸伸直再提右膝成獨立勢。經過一段時間的鍛鍊待左腿力量增強、動作熟練時，再連續完成難度較大的獨立下截動作。

② 下截刀時，上體可微微前探，左手按掌和右手截刀要左右對稱，力達刀身前段。

③ 右手持刀斜刺（太極刀尖同劍尖，故形同劍術中的刺劍，也稱為刺刀）要肘尖下垂，並與右膝相對，雙臂撐圓，力達刀尖。弓步和合手斜刺要上下相隨，同時完成。

圖3-28　　　　　　　　圖3-29

第十二式　掛刀打捶（向西後退）

（1）左掛帶刀

　　身體稍左轉，左腳尖外撇，右腳尖稍內扣，重心移至左腿，成右虛步；同時，右手持刀，將刀護交於左掌心，刀身貼於左臂，左掌順勢按於刀柄上，兩手弧形下落於左腹前，刀尖斜向左肩側上方，刀刃向外，刀環向前；眼看前方。（圖3-28）

（2）右掛帶刀

　　身體稍向右轉，右腳提起向後撤步，重心移至右腿，

圖3-30

左腳跟稍外展，成左虛步；同時，右手捧刀、左手按刀柄，兩手向右下畫弧下落於右腹前，刀環向右，刀尖斜向左肩前上方，刀刃向外；眼看前方。（圖3-29）

（3）藏刀打捶

身體左轉面向正東，重心穩於右腿，左腳跟抬起，前腳掌著地，成左虛步；同時，左手抱刀，刀環領先向左下掛帶於胯前側，手心向上，刀刃向外；右手心向上在腰間握拳，右拳隨臂內旋從胸前打出，拳眼向上，拳面向前；眼看前方。（圖3-30）

要　點

①左右掛帶刀時，身體稍側向前方，收住左右胯根和臀部，刀環走弧形，沉肩垂肘，雙臂撐圓，力注刀環。

②右拳要隨臂內旋從胸前打出，力貫拳面，並與左虛步協調配合，同時完成。

第十三式　併步收勢（方向正南）

(1)直立平伸

左腳跟著地，腳尖內扣朝南，身體轉向正南，右腳跟內扣，兩腿直立，成開立步，與肩同寬；同時，左手握刀用刀環穿過右手背，引伸至左側前方，手心斜向上，刀刃斜向後，腕與肩平；右拳變掌向下經腹前向右畫弧引伸至右側前方，掌心向下，指尖斜向上，腕與肩平；眼看前方。（圖3-31）

(2)屈膝按掌

兩腿屈膝下蹲；同時，兩手向內平舉於前方，隨即下落於胯兩側，左手握刀，刀背貼於左前臂，手心斜向上，刀刃向外，左手心向下，指尖向前；眼看前方。（圖3-32、圖3-33）

圖3-31

圖3-32

圖3-33

崔毅士真傳楊派太極十三式——拳·劍·刀·棍·槍精練

(3)併步收勢

重心移向右腿，左腳提起向右腳併攏，兩腿直立，恢復成併步抱刀式；同時，左手抱刀，臂內旋使刀刃向前，刀背靠貼左臂，垂於左腿外側；右手指尖向下，貼於大腿外側；眼看前方。（圖3-34）

圖3-34

 要 點

① 兩手向兩側分開時要略帶弧形，向體前相合時與肩同寬、同高，兩手下落時左手力注掌背、右手力注掌心。

② 併步收勢還原成開步起勢的姿勢，兩腳要正對前方，上體正直，頂頭立腰，呼吸自然。

楊式太極刀動作雖較拳、劍爲快爲剛，但是仍要連貫自然，輕靈柔和。太極刀運動量大於太極拳，收勢以後，稍停片刻，斂神定意，再視體力狀況或休息或繼續運動。經常練習太極刀，既有益於調養氣息、安神益智，又有益於強身健體、壯骨健筋。

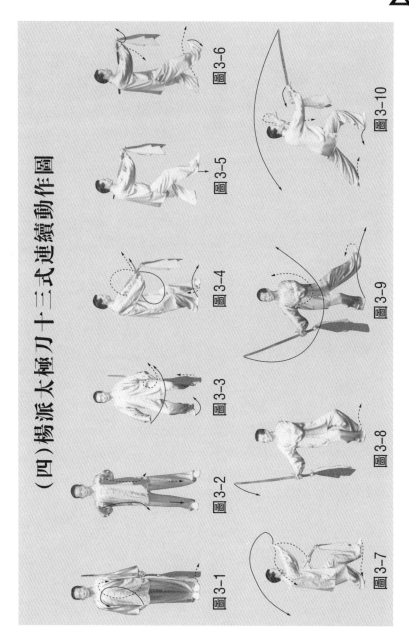

（四）楊派太極刀十三式連續動作圖

圖3-6　圖3-5　圖3-4　圖3-3　圖3-2　圖3-1

圖3-10　圖3-9　圖3-8　圖3-7

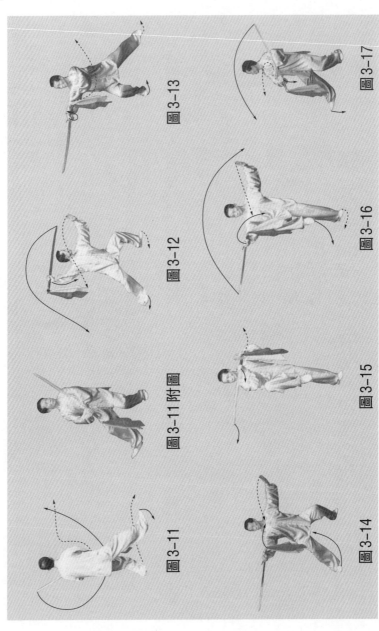

圖3-17

圖3-16

圖3-15

圖3-14

圖3-13

圖3-12

圖3-11附圖

圖3-11

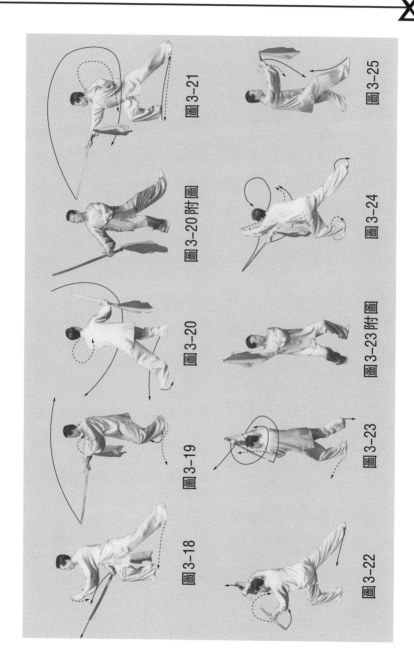

圖 3-25

圖 3-24

圖 3-23 附圖

圖 3-23

圖 3-22

圖 3-21

圖 3-20 附圖

圖 3-20

圖 3-19

圖 3-18

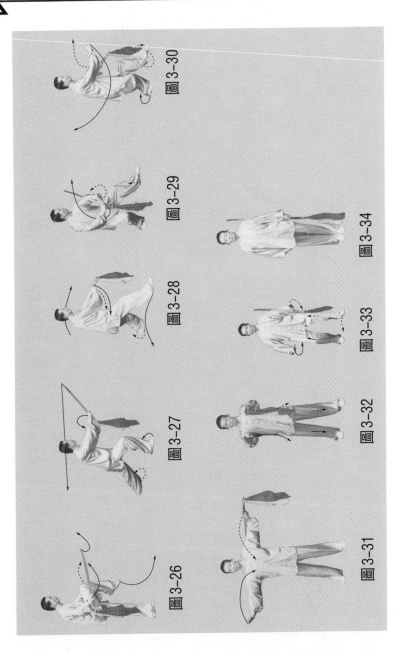

圖 3-30

圖 3-29

圖 3-28

圖 3-27

圖 3-26

圖 3-34

圖 3-33

圖 3-32

圖 3-31

四、楊派太極棍十三式精練

(一)楊派太極棍十三式簡介

傳統楊式太極棍，是楊式太極拳大家崔毅士先生及其女楊式太極拳第五代主要傳人崔秀辰名師於1964年創編的。在20世紀60年代的武術比賽中規定，太極拳比賽要獲得全能，必須增加長器械，爲了便於參加武術比賽，崔毅士先生及其女崔秀辰在簡化傳統楊式42式太極拳的基礎上，按照楊式太極拳特有的身型身法、步型步法及風格特點，結合少林棍術「對把握擊」的練功方法，創編了楊式太極棍42式套路。推向社會以後，深受太極拳愛好者的歡迎，至今廣爲流傳。

楊派太極棍十三式，是楊式太極棍42式套路的縮編，是面向廣大初學者的入門套路，本著簡便、易學、易練、易掌握的原則，進行了精心的選編，精選出13個棍術動作，前進方向有6個動作，返回原地有7個動作，從起勢到收勢僅用2～3分鐘，棍法有摟、合、壓、架、挑、背、戳、雲等。套路短而精，簡單易學，充實了太極拳愛好者的鍛鍊內容，提高學練興趣。

楊派太極棍十三式的風格特點是：棍理歸拳，對把滑擊；身法中正，內外相合；棍中存圈，渾厚大方；棍法清晰，身械協調。

（二）楊派太極棍十三式簡譜

前進方向：

第 一 式　起　勢
第 二 式　摟膝打棍
第 三 式　搬攔掃棍
第 四 式　琵琶合棍
第 五 式　海底壓棍
第 六 式　肩通架棍

返回原地：

第 七 式　斜飛捌棍
第 八 式　提手合棍
第 九 式　雲撥撩棍
第 十 式　單鞭背棍
第十一式　左掛右劈
第十二式　正南戳棍
第十三式　收　勢

（三）楊派太極棍十三式動作圖解

前進方向：

第一式　起勢（以方向正南開始，待動作熟練後不限方向）

（1）預備勢

兩腳併步站立，兩臂下垂；右手握棍豎於身體右側，左手心向內貼靠於左腿外側，兩臂微屈，精神集中；眼看前方。（圖4-1）

（2）屈臂握棍

併立步不變；左手向左伸至左肩外側，手心向上，指尖向左，腕與肩平，隨之屈臂收於右胸前握棍，手心向外，虎口向下；眼看前方。（圖4-2、圖4-3）

（3）獨立提棍

左腿屈膝提起，右腿獨立支撐，成右獨立步；同時，左手向上提棍，置於右肩前，手心向外，虎口向下；右手滑握棍身；眼看前方。（圖4-4）

圖4-1

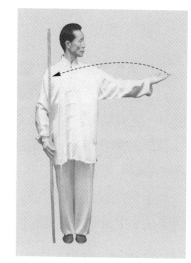

圖4-2

圖4-3

圖4-4

要　點

①預備勢是學棍、練棍的準備姿勢，身體要自然中正，下頜微收，不可故意挺胸或收腹，要體鬆心靜，精神集中，沉肩垂肘，呼吸自然。

②右獨立步時，左膝提起應超過胯部，要頂頭立腰，直立站穩，不可搖晃。

③對把握棍，兩手虎口要相對，一手緊握棍，另一手使棍在手中滑動，其他動作的握棍方法均應如此。

第二式　摟膝打棍（棍把正東）

(1)左膝摟棍

右獨立步不變，上體稍左轉；同時，左手握棍，使棍梢摟至左膝前下方，手心向下；右臂屈肘，右手上提棍把於右肩側，手心向外；眼看左前方。（圖4-5）

(2)弓步打棍

左腳向左前方邁步，左腿屈膝前弓，成左弓步，身體左轉；同時，左手握棍推送於右腕後，手心向上，虎口向前；右手使棍把從右側向體前壓打，手心向下，虎口向裏，高與肩平；眼看棍把。（圖4-6）

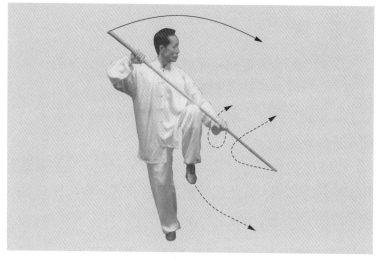

圖4-5

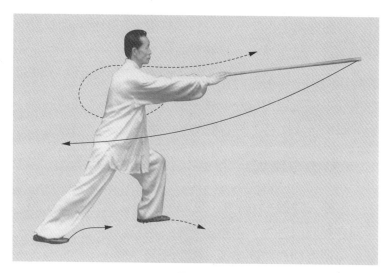

圖4-6

要　點

① 兩手相合使棍把向前壓打時，右手要滑握棍，兩肩鬆開，兩肘微下垂。弓步時後腳跟稍外撤，左腳尖與左膝蓋上下相對，方向一致，前後腳的橫向距離約一拳寬，不能在一條直線上。

② 右手打棍時意念要集中在棍把的壓打，左手摟棍要用棍梢保護膝部（按照棍術練習的要求，一般以棍立地面向下的部位爲棍把，向上的部位爲棍梢）。

第三式　搬攔掃棍（棍梢、棍把正東）

(1)虛步搬棍

右腳向前上半步，重心移於右腿，左腳稍向前移動，腳跟著地，成左虛步，身體微右轉；同時，右手使棍把向下摟至右側，壓貼於右腹，手心向裏，虎口向前；左手使棍梢向上從左側扣合外搬於體前，手心向下，虎口向裏，腕與肩平，成搬勢；眼看棍梢。（圖4-7）

(2)虛步攔棍

左腳尖外撤45°踏實，重心前移至左腿，身體左轉，隨即右腳向前邁步，後腳跟著地，成右虛步；同時，左手握棍，使棍梢向左側畫弧，壓貼至腰左側，手心向裏，虎口向前；右手使棍把經右側向下、向前、向上攔於體前，

手心向下，虎口向裏，腕與肩平，成攔勢；眼看棍把。
（圖4-8）

圖4-7

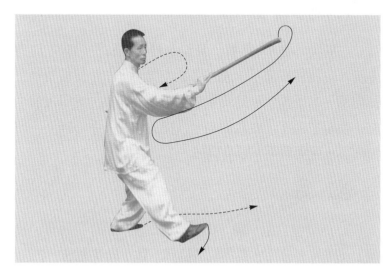

圖4-8

圖4-9

(3)弓步掃棍

右腳尖外撇45°踏實，身體右轉，左腳提起向左前方邁步，左腿屈膝前弓，成左弓步；同時，左手使棍梢經左側向前、向下畫弧壓貼於腰左側，手心向裏，虎口向前；右手使棍把向下，從右側向前橫掃於體前，手心向下，虎口向裏，腕與肩平；眼看棍把。（圖4-9）

要 點

① 此動包含搬、攔、橫掃三種棍法，動作要連貫，連續上步虛實要分明，要與棍法協調一致，同步完成。

② 左手搬棍時，棍梢順時針繞半圓，要與右手形成合

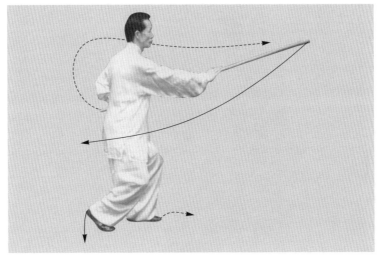

圖4-10

力，左肘與左膝上下相對。右手攔棍時，棍把逆時針繞半圓，要與左手形成合力，右肘與右膝上下相對。橫掃棍時，棍身不宜超過身體中線，腰部發力，力貫棍把。

③定勢時，要上體正直，鬆腰沉胯，右肩不可前探。

第四式　琵琶合棍（棍梢正東）

右腳向前上半步，前腳掌先著地，隨之重心後移，後腳跟內扣45°踏實，左腳提起稍向前下落，後腳跟著地，成左虛步，上體稍右轉；同時，右手使棍把向右下方畫弧，壓貼於腰右側，手心向裏，虎口向前；左手使棍梢經左側向前扣合於體前，手心向下，虎口向裏，腕與肩平；眼看棍梢。（圖4-10、圖4-11）

崔毅士真傳楊派太極十三式——拳・劍・刀・棍・槍精練

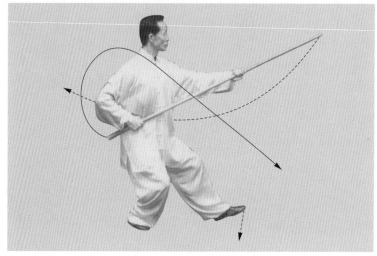

圖4-11

要 點

① 左右兩手合棍時要以腰爲軸帶動兩臂畫弧，力貫棍梢前段。定勢時，左肘與左膝要上下相合。

② 右左腳上步時，提腳和落腳都要輕起輕落，身體中正安舒，鬆腰沉胯，兩腿虛實分明。

第五式　海底壓棍（棍把正東）

左腳原地變爲前腳掌著地，仍成左虛步，上身微左轉前傾；同時，左手將棍梢向下、向左後壓，貼靠於腰左側，手心向裏，虎口斜向下；右手滑握使棍把由後向上、向體前下方劈壓，高與左腳踝平，手心向下，虎口斜向

圖4-12

左；眼看棍把。（圖4-12）

要 點

① 左腳要活步變換步法，右手持棍要用活把握棍向下劈打，活把握棍時要用拇指和食指扣棍，其餘三指鬆開壓住棍，力注掌外沿。

② 定勢時，上體不可過於前傾，前傾的角度控制在45°為宜，不能低頭和臀部外凸。

第六式　扇通架棍（棍梢正東）

左腳向前移半步，左腿屈膝前弓，成左弓步，身體稍右轉；同時，右手使棍把向上、向右斜架於頭右側上方，

圖4-13

手心向外，虎口斜向下；左手將棍梢推至左肩前方，手心向前，虎口斜向上，腕與肩平；眼看左前方。（圖4-13）

要　點

① 左腳向前移步成弓步時，要平穩扎實，上下起伏不能過大。

② 向上架推棍時，左推右架同時動作，力貫棍身，沉肩收胯，舒展飽滿，上體不可側傾，肩胯不能歪斜。

③ 定勢時，前後腳的橫向間距不宜過寬，以一拳寬為宜，左臂與左腿要上下相對，身體要中正安舒，鬆腰沉胯，斂臀。

圖4-14

返回原地：

第七式　斜飛捌棍（棍把西北）

（1）轉體收腳

身體右轉至西南，左腳尖儘量內扣，重心穩於左腿，右腳收至左腳內側，前腳掌著地；同時，左手下落將棍梢壓貼於腰左側，手心向裏，虎口向右；右手下落於右胸前，手心向下，虎口向裏，棍把高與頭平；眼看棍把。（圖4-14）

圖4-15

（2）斜飛捌棍

身體稍右轉，右腳向西北方向邁步，右腿屈膝前弓，成右弓步；同時，右手使棍把向下、向左、向上分至右膝前上方，手心向下，虎口向裏，棍把高與頭平；左手仍壓貼於腰左側，隨腰轉動，手心向裏，虎口向前；眼看棍把。（圖4-15）

要　點

① 身體右轉時，左腳內扣的角度要大於90°為宜；如果內扣角度過小，可以用左腿自然伸直時腳跟外碾，以便順利完成右弓步。

圖4-16

② 左右手握棍皆要上下繞環，右手力貫掌外沿，左手力貫掌心。

② 定勢時，方向為西北30°，上體微前傾，右臂與右腿上下相對，右肩不可前探，要沉肩垂肘，鬆腰鬆胯。

第八式　提手合棍（棍把西北）

（1）跟步提壓

左腳在右腳後上半步，重心移於左腿，右腳跟提起；同時，右手下壓棍把於體前，高與右膝平，手心向下，虎口向裏；左手翻腕上提棍梢，手心向外，虎口向前，高與肩平；眼看棍把。（圖4-16）

圖4-17

（2）提手合棍

重心穩於左腿，右腳稍向前下落，後腳跟著地，成右虛步；同時，右手使棍把向右、向上扣合於右膝上方，手心向下，虎口向裏，棍把高與頭平；左手向下、向裏畫弧壓貼於腰左側，手心向裏，虎口向前；眼看棍把。（圖4-17）

要 點

① 提壓合棍時要用腰來帶動兩手相合，上步、落腳重心移動要平穩，虛實分明。

② 定勢時身體中正安舒，沉胯收臀，右手力貫掌外

圖4-18

沿，左手力達掌心，緊貼腰間，右臂與右腿上下相對。

第九式　雲撥撩棍（西南、東北）

（1）插步交叉

　　身體左轉，右腳向左腳前西南插步，腳跟著地，腳尖外撇，重心移於右腿，左腳跟提起；同時，左手使棍梢置於右腋下，手心向上，虎口向前；右手滑握棍，使棍把擺至體前左側上方，手心向下，虎口向裏；眼看棍把。（圖4-18）

圖4-19

(2)虛步雲棍

身體右轉，重心穩於右腿，左腳向左前方邁步，成左虛步；同時，兩臂屈肘交叉，經頭前翻轉雲旋以後，左手持棍在上，棍梢撥至右肩側上方，手心向下，虎口向右；右手持棍在下，畫弧擺至左肘下方，手心斜向內，虎口斜向右；眼看西南前方。（圖4-19）

(3)弓步橫撩

左腿屈膝前弓，重心前移，身體左轉，成左弓步；同時，左手使棍梢向左膝前上方橫撩，手心向下，虎口向裏；右手使棍把擺至左腋下，掌心向上，虎口向前；眼看

圖4-20

棍梢。（圖4-20）

要　點

①　右腳向左腳插步，前後兩腳之間要留出間距，右腳尖與膝蓋相對，待重心穩於右腿，左腳再上步，邁步要輕靈順暢，重心平穩，不能上下起伏。

②　雲棍時兩手間距略小於肩寬，不能過大或過小，兩臂要自然撐圓在頭前靈活交叉雲旋；左手握棍橫撩時，力貫掌外沿，右手要滑動握棍，一邊滑動一邊擺至左腋下。

③　定勢時，身體中正安舒，棍梢與左腿上下相合，身械協調，方向爲西南。

圖4-21

(4)轉身雲棍

身體右後轉，左腳內扣90°踏實，重心移至左腿，收右腳點於左腳跟內側；同時，兩臂屈肘交叉，經頭前從右向左翻轉雲棍，右手將棍把撥至左側，手心向下，虎口向裏，高與左肩平；左手使棍梢翻轉雲至右腋下，手心向上，虎口向前；眼看右前方。（圖4-21）

(5)弓步橫撩

身體繼續右轉，右腳向東北前方邁步，右腿屈膝前弓，成右弓步；同時，右手使棍把向右腿前上方橫撩，手心向下，虎口向裏；左手使棍梢擺至身後，置於右腋下，

圖4-21

手心向上，虎口向前；眼看棍把。（圖4-22）

 要　　點

　　① 重心左右移動要平穩，兩腿保持屈膝，不可上下起伏；右腳收回點地，可作爲輔助步法，不可停留過久，分清虛實。

　　② 向東北橫撩棍時，右手爲主，力注掌外沿，達於棍把，棍把與右腿上下相合，左手要滑握棍擺於右腋下。兩手雲棍，要隨腰而動，滑把雲轉。

　　③ 定勢時，身體中正安舒，鬆腰沉胯，右肩不可前探，方向東北。

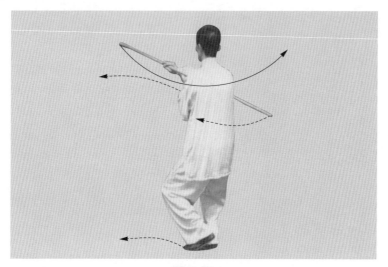

圖4-23

第十式 單鞭背棍（棍把東北）

（1）轉體收腳

身體稍左轉，右腳尖內扣90°踏實，左腳向右腳內側靠近，前腳掌著地；同時，右手將棍把擺至體前，高與頭平，手心向下，虎口向裏；左手仍置於右腋下；眼看棍把。（圖4-23）

（2）單鞭背棍

身體左轉，左腳向正前方邁步，左腿屈膝前弓，成左弓步；同時，右手使棍把從前向下、向後、向上撩於右側

圖4-24

（東北）上方，棍身斜背於身後，手心向下，虎口斜向上；左手從右腋下經胸前向左前方推出，掌心側向前，指尖向上，腕與肩平；眼看左手。（圖4-24）

要　點

① 身體左轉、左腳收點要輕靈圓轉，上下相隨，分清虛實，避免出現邁步時左腳沉重砸地的現象。

② 右手持棍將棍把向右後上方撩棍時，不能超過頭部，略高於肩，做到力貫掌外沿，通達於棍把，方向偏東北。

③ 定勢時，上體應側向正前方，左臂與左腿、右臂與右腿上下相合，身體保持中正安舒，沉肩垂肘。

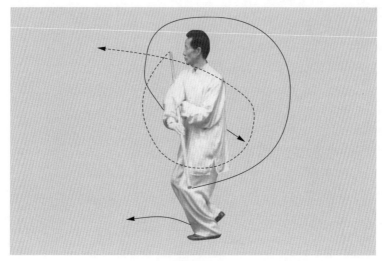

圖4-25

第十一式　左掛右劈（棍梢、棍把正西）

（1）收腳掄掛

身體左轉，收右腳於左腳內側，前腳掌著地，兩腿屈膝半蹲；同時，右手使棍把由後向前、向左斜掛於左側，左手向下、向裏握住棍身，兩臂屈肘交叉，右手在外，手心向下，虎口斜向右，左手在裏，手心向上，虎口斜向左；眼看前方。（圖4-25）

（2）弓步左劈

身體微右轉，右腳向右前方邁步，右腿屈膝前弓，成

圖4-26

右弓步;同時,右手使棍把向後、向上、向前、向下壓至右側,貼於腰右側,手心向裏,虎口向前;左手使棍梢向下,從左側向體前劈打,高與眼平,手心向下,虎口向裏;眼看棍梢。(圖4-26)

(3)弓步右劈

上體微左轉,重心穩於右腿;同時,右手使棍把從右側向體前劈打,高與眼平,手心向下,虎口向裏;左手下壓棍梢,貼於左腰側,手心向裏,虎口向前;眼看棍把。(圖4-27)

圖4-27

 要　點

① 此式包含掛棍和左右兩次劈打，掛和劈動作要連貫、流暢，不可間斷。

② 向左劈打，棍身不宜超過身體中線；向右劈打時，棍把與右腿要上下相對。

③ 定勢時，身體中正安舒，虛領頂勁，沉肩垂肘，鬆腰沉胯。

第十二式　正面戳棍（棍把正南）

右腳尖內扣90°踏實，左腳尖稍外撇，身體左轉向正南，成右側弓步；同時，兩手隨身體右轉，左手貼於左腰

圖4-28

側，掌心向裏，虎口向前；右手將棍把戳至體前，掌心向下，虎口向裏；眼看前方。（圖4-28）

要 點

① 扣腳成右側弓步時，重心穩在右腿，上體保持中正，右肘與右膝上下相對。

② 右手戳棍時勁力貫於掌外沿，通達於棍把端，棍把保持在身體中線附近。

③ 定勢時，身體中正安舒，頂頭立腰，沉肩垂肘，上體不要前俯後仰或左歪右斜。

圖4-29

第十三式　收勢（方向正南）

（1）併步壓棍

收左腳與右腳成併步，兩腿自然直立，兩腳平行向前；同時，左手前推、右手下壓，使棍把下沉著地，直豎於身體右側，左臂屈肘，左手握棍於右肩前，手心向外，虎口向下，右手心向裏，虎口向上；眼看前方。（圖4-29）

（2）併步伸掌

併步不變；左手鬆棍變掌，向下、向左引伸至左肩外側，手心向上，指尖向左；右手握棍直豎於右側；眼看左

圖4-30

圖4-31

手。（圖4-30）

（3）按掌收勢

左手隨臂內旋，向下按於身體左側，五指併攏附於大腿外側，恢復成預備姿勢；眼看前方。（圖4-31）

① 收勢動作要連貫、圓活、順暢，不可間斷。

② 併步還原成預備勢時，左腳要輕起輕落，兩腿緩慢伸直，兩腳保持平行朝前。

③ 定勢時，棍身豎直於身體右側，不可歪斜，身體中正安舒，呼吸自然。

收勢動作與起勢動作一樣重要，決不可因爲動作簡單而輕視，應該是意念猶存神氣在。練完太極棍後，須停留片刻調整氣息，或是多練幾遍，繼續體會動作要領，或是緩慢離開，以益於養生健體。

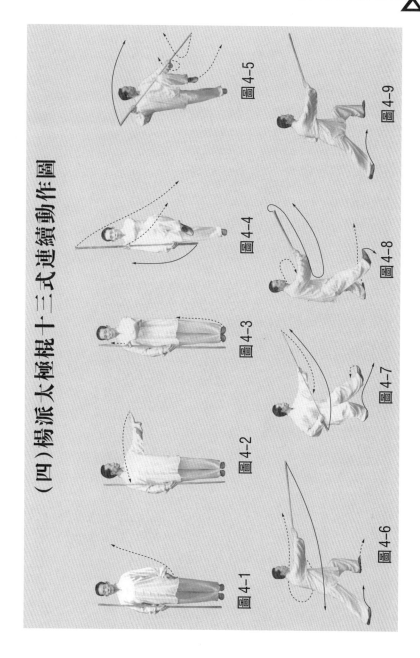

（四）楊派太極棍十三式連續動作圖

圖4-5

圖4-4

圖4-3

圖4-2

圖4-1

圖4-9

圖4-8

圖4-7

圖4-6

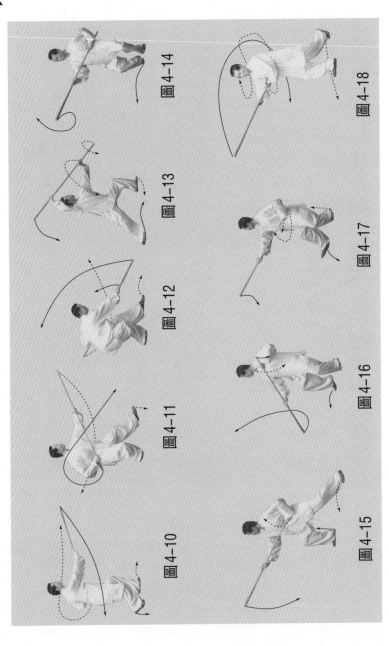

圖 4-14

圖 4-18

圖 4-13

圖 4-17

圖 4-12

圖 4-11

圖 4-16

圖 4-10

圖 4-15

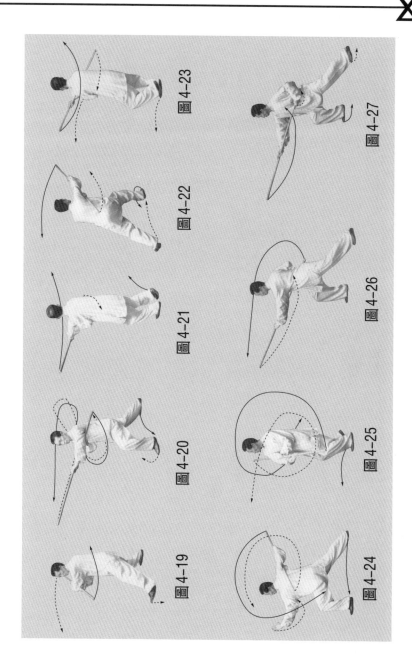

圖 4-23

圖 4-22

圖 4-21

圖 4-20

圖 4-19

圖 4-27

圖 4-26

圖 4-25

圖 4-24

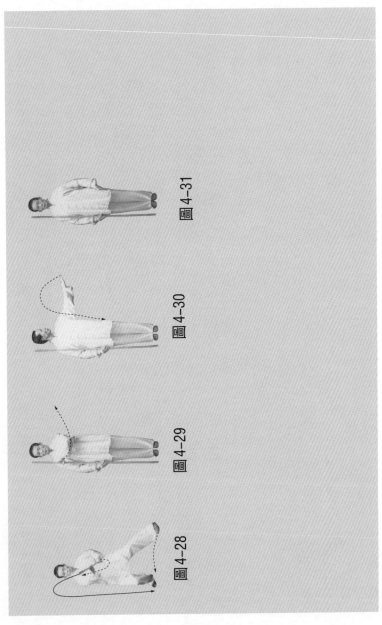

圖 4-31　　圖 4-30　　圖 4-29　　圖 4-28

五、楊派太極槍十三式精練

（一）楊派太極槍十三式簡介

太極大家崔毅士先生在20世紀60年代初期，曾對楊式太極杆與槍術相似的地方作了這樣描述：

「太極拳中的紮杆，主要是由單人練習抖杆，主要技法有『開』，即撥，其方法與槍術中的『攔』相似，『合』，即劈、砸，與槍術中的『拿』相似，『發』，即紮、刺，與槍術中的『紮』相似；和雙人練習纏繞紮杆，主要技法包括雙人平圓、立圓、粘黏紮杆，與槍術中的絞槍相似；以及雙人動步練習粘黏四杆，主要技法包括刺肩、刺喉、刺心、刺腿，每個部位都有不同的刺法，與槍術中刺擊不同部位的方法相似，所以說，用大杆子前端裝上槍頭，就能練習太極槍。」

為了適應當時的武術比賽要求，崔毅士先生及其女兒崔秀辰在創編了楊式太極棍的同時也構思了太極槍套路，由於文化大革命的影響，未能續編楊式太極槍。

隨著武術運動的發展，國內外學練傳統楊式太極拳系列的人越來越多，對於學練太極槍的興趣也越來越高，迫切需要簡煉、易學、易會的太極槍入門套路。

筆者根據記憶和五十餘年的練拳經歷，續編出楊派太極槍十三式，全套槍術往返僅有13個組合動作，前進方向有6個組合動作，返回原地有7個組合動作，其技法有

砸、撥、刺、架、掄、劈、開（攔）、合（拿）、發（紮），以及纏繞、雲等，充分體現楊式太極槍身法中正、粘黏引化，開合撥刺、腰腿發力，快慢相間、內勁不斷，槍中存圈、剛柔相濟的風格特點。

此套槍術特點突出，簡單易學，練習時間約為3分鐘，常練此套路能疏通筋骨、調養氣息、增進健康。

崔毅士真傳楊派太極十三式──拳・劍・刀・棍・槍精練

（二）楊派太極槍十三式簡譜

前進方向：

第 一 式　起勢（假設面向正東）

第 二 式　砸槍（槍尖東北）

第 三 式　撥槍（槍尖東北）

第 四 式　進步纏槍（槍尖東北）

第 五 式　架槍（槍尖東北）

第 六 式　扣腿掄絮槍（槍尖正東）

返回原地：

第 七 式　退步纏槍（槍尖東南）

第 八 式　雲撥槍（槍尖東北、西南）

第 九 式　併步絮槍（槍尖正西）

第 十 式　一開二合三發槍（槍尖正西）

第十一式　仆步掄劈槍（槍尖正東）

第十二式　扣腿刺槍（槍尖正東）

第十三式　收勢（面向正東）

（三）楊派太極槍十三式動作圖解

前進方向：

第一式　起勢（假設面向東）

（1）預備勢（假設面向東，待動作熟練以後，不限制練習方向）

　　兩腳併步直立；右手在身體右側握槍，槍身直立地面，左手垂於身體左側；目視前方。（圖5-1）

圖5-1

（2）開步抱槍

　　左腳向左開步，兩腳平行向前，與肩同寬，成開立步；同時，左手向右握槍上提槍身，將槍尖下壓至體前，高與頭平，手心向上，虎口向前；右手滑握槍把收於右腰側，手心向裏，成抱槍勢；眼看槍尖。（圖5-2、圖5-3）

圖5-2

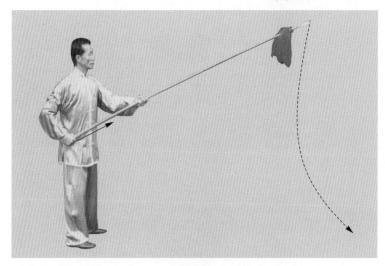

圖5-3

（3）槍尖接地

　　開立步不變；右手向前推送，槍把接近左手，兩手將槍尖置於地面，左手從下引伸至左肩側，手心斜向上，腕與肩平；眼看左手。（圖5-4、圖5-5）

圖5-4

圖5-5

崔毅士真傳楊派太極十三式──拳‧劍‧刀‧棍‧槍精練

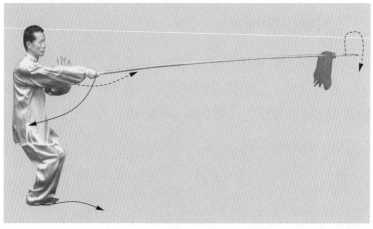

圖5-6

（4）屈蹲提槍

身體微右轉，左腳收至右腳內側，成併步，兩腿屈膝半蹲；同時，左手從左向右下落於右肘內側，手心向右，手指向上；右手上提槍身，槍尖高與肩平，手心斜向下，虎口向前；眼看槍尖。（圖5-6）

要 點

① 預備勢要立身中正，沉肩垂肘，呼吸自然。

② 抱槍時，左右手都要滑握槍身，右手握把緊貼右腰側，力注槍尖。

③ 左手要走弧形，眼隨手動，左手要順勢滑動，右臂提槍，槍與臂儘量成一線，定勢時頂頭立腰，收胯斂臀。

圖5-7

第二式　砸槍（槍尖東北）

右腳向右前方上步，右腿屈膝前弓，成右弓步；同時，左手從右手前滑握槍中段，使槍尖從左向上、向下內扣砸槍，手心向下，槍尖高與眼平；右手抽把貼於右腰側，手心向裏；眼看槍尖。（圖5-7）

要　點

① 右腳要向東南 30° 方向上步，右弓步時，膝關節不能超過腳尖。

② 砸槍時，槍尖要走弧形，高不過眼、低不過肩，方向爲東北 30°。

③左手內扣砸槍與右手貼腰轉動要協調配合，短促用力，力達槍尖，身體中正安舒，含胸拔背，沉肩垂肘，鬆腰沉胯。

太極砸槍與太極大杆的要領相同，要求周身勁力由腳而腿，而腰，而肩，而手，所發之力，由槍把一直震顫到槍尖，發力迅猛，初學者要反覆練習，認真體會，力求熟練掌握。

第三式　撥槍（槍尖東北）

(1)虛步送槍

重心穩於右腿，左腳向左前方邁步，前腳掌著地，成左虛步；同時，右手推把送向左手，左手滑握，兩手相合，穩住槍身，槍尖高與胸平；眼看槍尖。（圖5-8）

(2)虛步撥槍

身體稍右轉，兩腿仍成左虛步；同時，右手抽把翻腕至肩右側上方，手心向外；左手滑握，使槍尖向左側下方撥出，手心向上，槍尖與腹平；眼看槍尖。（圖5-9）

要　點

①撥槍力達槍尖，護住自己腹部與膝部，方向為東偏北30°。

②左手滑握槍身與右手提把翻腕要借用腰力，勁力通

圖5-8

圖5-9

圖5-10

達於槍尖。

③ 定勢時，身體中正安舒，左手與左腳上下相合。

第四式　進步纏槍（槍尖東北）

（1）虛步繞弧

左腳稍向左（東北）前方移步，腳跟著地，成左虛步；同時，右手握把下翻收於右腰側，手心向裏；左手滑握，手心向上，使槍尖沿順時針方向從右向左上方繞半弧；眼看槍尖。（圖5-10）。

圖5-11

(2)弓步繞圈

重心移至左腿，右腳向右前方上步，重心再前移至右腿，右腿屈膝前弓，成右弓步，隨即抬左腳跟；同時，右手握把收貼於右腰側，手心向裏；左手心向上，使槍尖沿順時針方向從上向右下繞圈接近一周；眼看槍尖（此為第一圈）。（圖5-11）

(3)跟步刺頭

左腳向左（東北）前方邁步，腳跟先著地，然後過渡到全腳掌，重心前移至左腿，右腿跟至左腳內側，前腳掌著地，兩腿屈膝半蹲；同時，左手滑握槍中段、右手握把

圖5–12

由腰側快速用力向左前上方推刺，兩手在體前相合，托住槍把，槍尖與頭平；眼看槍尖。（圖5–12、圖5–13）

（4）虛步繞弧

右腳向右前方邁步，腳跟著地，成右虛步；同時，右手回抽槍把收於右腰側；左手滑把，手心向上，使槍尖沿順時針方向從左向右繞半弧；眼看槍尖。（圖5–14）

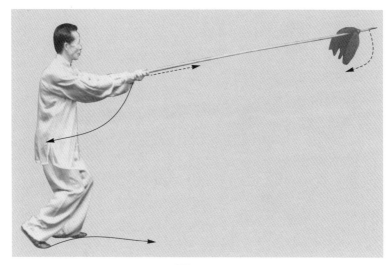

圖5-13

圖5-14

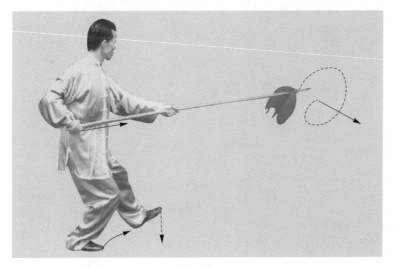

圖5-15

(5)虛步繞圈

重心前移至右腿，右腳踏實，左腳向左（東北）前方邁步，腳跟著地，成左虛步；同時，右手握把仍緊貼右腰側，左手心向上，使槍尖沿順時針方向繞圈接近一周；眼看槍尖（此為第二圈）。（圖5-15）

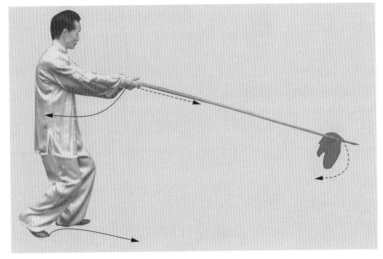

圖5-16

(6)跟步刺膝

重心前移至左腿，左腳踏實，右腳跟至左腳內側，前腳掌著地；同時，左手滑握槍中段、右手握把由腰側快速用力向左（東北）前下方推刺，槍尖與膝平，兩手在體前合於槍把，托住槍身；眼看槍尖。（圖5-16）

圖5-17

(7)虛步繞弧

右腳向右前方上步，腳跟著地，成右虛步；同時，右手回抽槍把收於右腰側，手心向裏；左手向前滑握，手心向上，使槍尖沿順時針方向從左向右繞半弧；眼看槍尖。（圖5-17）

(8)虛步繞圈

重心前移至右腿，右腳踏實，左腳向左（東北）前方上步，腳跟著地，成左虛步；同時，右手握把仍緊貼右腰側；左手心向上，使槍尖沿順時針方向繞圈接近一周；眼看槍尖（此為第三圈）。（圖5-18、圖5-19）

圖5-18

圖5-19

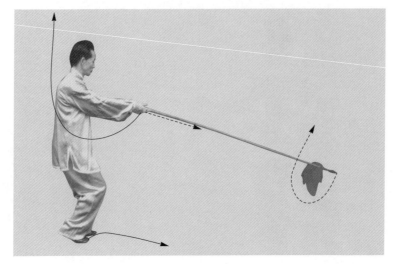

圖5-20

（9）併步刺腳

重心前移於左腿，左腳踏實，右腳跟至左腳內側，前腳掌著地，成併步，兩腿屈膝半蹲；同時，左手滑握槍中段、右手握把由腰側快速用力向左（東北）前下方推刺，槍尖與腳面平，兩手在體前相合，托住槍身；眼看槍尖。（圖5-20）

要 點

① 太極杆中的纏繞杆，是雙人練習平圓和立圓的方法，要求雙方大杆粘黏接觸，如同推手中的兩手粘黏，彼此沾連不脫，進退自如，兩杆順時針或逆時針纏繞一周。

從初學時的大圈纏繞到中圈，直到熟練以後的纏繞小圈，這個動作近似於槍術中的絞槍。所以，在練習進步纏槍時，同樣要求槍尖順時針纏繞一周，繞圈越小越好。

② 進步纏槍方向為東偏北 30°。刺頭、刺膝、刺腳三槍部位要準確，力從腰發，達於槍尖，尤其注意刺擊腳面時，槍尖不可觸地。

③ 刺槍時右臂與右腿上下相合，不能聳肩抬肘、低頭彎腰，上步、跟步與併步要重心平穩，虛實分明，整個動作要自然、連貫、柔和、協調。

第五式　架槍（槍尖東北）

右腳向右前方上步，重心前移，右腿屈膝前弓，成右弓步，上體微左轉；同時，右手抽把內旋翻轉向上舉至頭右側上方，手心向外；左手持槍滑把，外旋翻轉向上托槍，手心向上，腕與肩平，槍尖向左（東北）前下方；眼看槍尖。（圖5-21）

要　點

① 右腳上步屈膝成右弓步時，方向應該在東偏南30°。

② 槍身在頭前上方托架時要成斜形，既能保護頭部，又要暗含用槍尖攻擊對方下部之意。

③ 抽把、架槍、弓步三者要同步進行，協調一致，力達槍身。

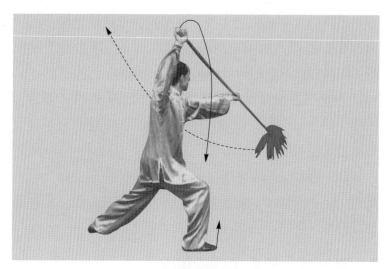

圖5-21

第六式　扣腿掄紮槍（槍尖正東）

（1）後坐掄槍

重心回移於左腿，右腳尖抬起，上體左轉；同時，右手握把下落於胯前，手心向下；左手滑握，從下向後、向上掄槍至左側上方，手心向上；眼看槍尖。（圖5-22）

（2）扣腿紮槍

身體右轉，右腿屈膝半蹲，左腳順勢向前，腳面扣於右膝後側；同時，左手滑握槍身中段，使槍尖從左後上方掄劈至體前，手心向上，右手推送槍把向前刺槍，槍尖高與喉平，兩手合於槍把，托住槍身；眼看槍尖。（圖5-23）

圖5-22

圖5-23

要　點

①掄槍時，槍尖不可觸地，要在身體左側掄成立圓，鬆肩、轉腰、力達槍前段。

②掄紮槍時，左手要鬆活滑握，雙手協調配合，用腰帶動臂運行，勁力順達，發力完整，掄槍力貫槍前段，紮槍力貫槍尖。

③左腳面向前扣腿時，右腿屈膝要適度，身體中正安舒，兩肩鬆開，氣沉丹田，不可左右晃動。

返回原地：

第七式　退步纏槍（槍尖東南）

（1）撤步繞弧

左腳向左後撤步，上體微右轉；同時，左手抽把至左腰側，手心向裏；右手從左手前滑握接住槍身，使槍尖沿逆時針方向，從右向下繞半弧；眼看槍尖。（圖5-24）

（2）虛步撥頭

重心移於左腿，右腳跟抬起，前腳掌著地，成右虛步；同時，左手握把仍緊貼左腰側；右手使槍尖繼續沿逆時針方向繞圈接近一周時，向內撥擺槍尖，手心向上，槍尖高與頭平，方向東南；眼看槍尖（此為第一圈）。（圖5-25）

圖5-24

圖5-25

圖5-26

(3)撤步繞弧

右腳向左腳後撤步；同時，左手握把仍收於左腰側；右手使槍尖逆時針從左向下繞半弧，手心向上；眼看槍尖。（圖5-26）

(4)虛步撥膝

左腳向後撤步，腳掌踏實，重心移至左腿，右腳掌著地，成右虛步；同時，左手握把仍貼於左腰側；右手使槍尖沿逆時針方向繞圈接近一周時，向內撥擺槍尖，高與膝平，方向東南；眼看槍尖（此為第二圈）。（圖5-27）

(5)撤步繞弧

右腳向左腳後撤步，重心穩於左腿；同時，左手握把

圖5-27

圖5-28

仍貼於左腰側；右手滑握，使槍尖沿逆時針方向從左向下
繞半弧；眼看槍尖。（圖5-28）

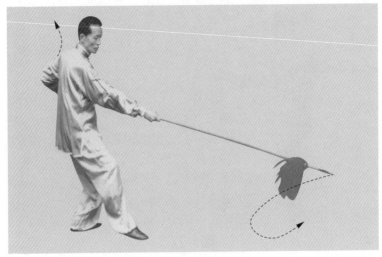

圖5-29

(6)虛步撥腳

左腳向後撤步，腳掌踏實，重心移於左腿，右腳稍後撤，前腳掌著地，成右虛步；同時，左手抽把內旋翻轉向上置於左肩外側上方，手心向外；右手使槍尖沿逆時針方向繞圈接近一周時，向內撥槍尖，高與腳面平，手心向上；眼看槍尖（此為第三圈）。（圖5-29、圖5-30）

要 點

① 退步逆時針纏槍時，槍尖纏繞圓圈越小越好，其他要求與進步纏槍相同。

② 連續退步時，方向皆為西北30°，要輕靈敏捷、連貫柔和，不能聳肩抬肘。

圖5-30

③向內撥槍尖與頭平、膝平、腳面平時，皆要以腰帶手，發力於槍尖，右臂與右腿上下相合，槍尖方向皆爲東南。尤其注意槍尖撥擊腳面時，不可觸地。

第八式　雲撥槍（槍尖東北、西南）

（1）蓋步擺槍

右腳提起經左腳前向左前方蓋步，腳跟著地，腳尖外撇；同時，右手使槍尖擺至左（東北）前方，手心向左，槍尖高與頭平；左手向下至右肘內側推送槍把，手心向上；眼看槍尖。（圖5-31）

圖5-31

（2）虛步雲槍

重心前移至右腿，右腳踏實，左腳向左前方上步，腳跟著地，成左虛步；同時，左手滑握，使槍尖在頭前上方雲繞雲槍，擺至右側上方，手心斜向下；左手經右腋下翻腕至胸前，手心斜向下；眼看槍尖（此為東北方向的雲槍）。（圖5-32、圖5-33）

圖5-32

圖5-33

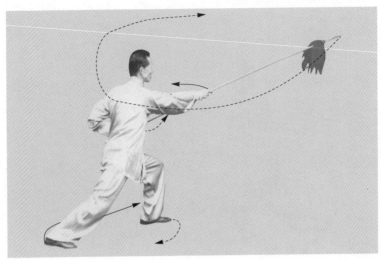

圖5-34

(3)弓步撥槍

身體左轉至東北，左腳踏實，重心左移，左腿屈膝前弓，成左弓步；同時，右手使槍尖上擺至體前上方，手心向下，腕與肩平，槍尖與頭平；左手向左下收於左腰側，手心向裏；眼看槍尖。（圖5-34）

(4)併步雲槍

身體右後轉至西南，重心穩於左腿，左腳尖內扣，右腳收至左腳內側成併步，兩腿屈膝半蹲；同時，右手使槍尖向右經頭前方雲繞槍，擺至左肩上方，手心向下；左手翻腕擺至腹前，手心斜向上；眼看左前方（此為西南雲棍）。（圖5-35）

圖5-35

（5）弓步撥槍

右腳先向右前上步，腳跟著地，身體左轉，成右虛步，然後重心右移，身體右轉，屈膝前弓，右腳踏實，左腳跟外碾，成右弓步；同時，右手使槍尖向右下擺至西南前上方，槍尖高與頭平，手心向下，腕與肩平；左手收擺於右腋下，手心向上；眼看槍尖。（圖5-36、圖5-37）

要 點

① 雲槍的方向，分別爲東北和西南 30°雲槍時，兩手不可握得過死，兩手間的距離過大或過小，都會影響兩臂靈活交叉。整式動作要求分解動作清楚、連貫，一氣呵成，定勢時，臂與腿上下相合，槍尖不可偏離肩部，注意

圖5-36

圖5-37

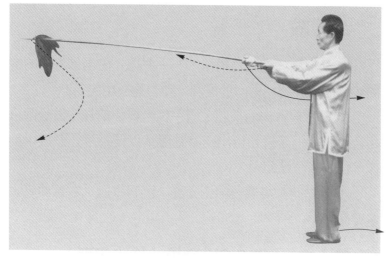

圖5-38

上體正直、肩部放鬆、腰部快速發力，力達槍尖。

　②雲槍時，向前蓋步或向後插步，兩腳間距保持30公分左右，兩腳不可交叉，不可形成兩腿「擰麻花狀」，這樣不利於重心穩定。

　③東北和西南雲槍時，皆要求兩臂在頭前上方交叉雲繞，上體不可過於後傾，整式動作做到身械協調。

第九式　併步紮槍（槍尖正西）

　身體稍右轉，右腳尖外撇朝西，左腳向右腳內側上步，直立成併步；同時，右手外旋翻轉使槍尖擺至體前正西，左手經腰側伸臂向體前推刺，手心向上，槍尖與喉平；眼看槍尖。（圖5-38）

要　點

① 紮槍屬於進攻性槍法，左手握把，隨兩腳併步的瞬間，要借用腰力伸臂向前推刺，勁力達於槍尖。

② 左手伸臂向前推刺，兩手相合穩住槍身，但是兩手相合不能過近，應預留出一拳距離，以便為下一個換手動作，作好充分準備。

③ 定勢時，身體要中正安舒，沉肩垂肘，右臂伸直，左臂微屈。

第十式　1開2合3發槍（槍尖正西）

(1)穿手握槍

身體右轉，右腳向右後撤步，腳尖先著地，然後全腳踏實，重心後移，兩腿屈膝下蹲，成半馬步；同時，左手從右手背下向前穿出滑把握槍，手心向上；右手抽把貼於右腰側，手心向裏，槍尖稍下落；眼看槍尖。（圖5-39）

(2)半馬步開槍

身體稍左轉，半馬步不變；同時，左手隨臂外旋，使槍尖向上、向左外翻開槍，手心向上，槍尖與頭平；右手握把貼於右腰側，手心向裏，隨腰轉動；眼看槍尖（此為太極槍中的開槍，槍術中稱為攔槍）。（圖5-40）

圖5-39

圖5-40

圖5-41

（3）半馬步合槍

半馬步不變；左手隨臂內旋，向右、向下翻腕內扣合槍，虎口向前；右手握把緊貼右腰側，隨腰轉動，手心向裏，槍尖正西，高與胸平；眼看槍尖（此為太極槍中的合槍，槍術中稱為拿槍）。（圖5-41）

（4）併步發槍

身體左轉，右腳向前，與左腳成併步，兩腿直立；同時，左手滑握外旋翻轉，手心向上；右手快速有力從右腰側伸臂向前推刺，虎口向前，槍尖高與喉平；眼看槍尖（此為太極槍中的發槍，槍術中稱為紮槍）。（圖5-42）

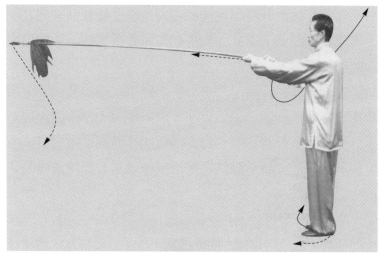

圖5-42

要 點

①開、合槍屬防守性槍法，要與重心後移相配合，發槍屬進攻性槍法，要與重心前移相配合。

②開、合、發槍時，身體要中正安舒，沉肩鬆胯，勁由腰發，達於臂，通達於槍尖，連貫完整。

開、合、發三種太極槍法，源於楊式太極單人抖大杆，抖杆中有開（即撥）、合（即劈或砸）、發（即紮或刺）三種基本抖法，即抖杆基本功練習，其方法與槍術中的攔、拿、紮三種槍法相似。

太極大杆開杆時，要求兩手把杆子平端於體前，重心後移成半馬步，杆子後端緊貼腹部借用腰力，左手外旋與

右手內旋作用於杆身形成一個合力，從而使杆前端向左側上方畫半個圓弧。本式太極槍動作也是這種練法，與槍術中的攔槍相似。

太極大杆合杆時，要求兩手把杆子平端於體前，半馬步不變，杆子後端仍緊貼腹部，借用腰力，左手內旋與右手外旋作用於杆身形成合力，從而使杆前端從左向右下畫半個圓弧。此太極槍動作也採用這種練法，與槍術中的拿槍相似。

太極大杆發杆時，要求重心前移成弓步，左手放鬆向裏滑握杆身，右手借用腰力向前推桼，兩手合於杆尾，穩住杆身。本式太極槍也採用這種練法，與槍術中的桼槍相似。

太極十三槍中的開、合、發三槍，基本依照太極抖大杆的要求，運動時借用腰力，作用於槍身，發勁於槍尖。由於發勁迅猛，運動量大，所以練習時應該加倍努力，反覆練功，細心體會。此外，還應根據自己的健康狀況量力而行，逐漸掌握動作要領。

第十一式　仆步劈壓槍（槍尖正東）

（1）擰身抽槍

身體右轉，右腳尖稍外撇，重心穩於右腿，隨即以左腳尖為軸，腳跟外撇抬起；同時，右手抽把外翻至頭右側上方，手心向外；左手滑托槍身中段，手心向上，槍尖低於槍身；眼看槍尖。（圖5-43）

圖5-43

(2)撤步壓槍

身體繼續右轉至東北，右腳繞經左腳向左腳後撤步，前腳掌先著地，然後全腳踏實；同時，右手握把下落與肋平，手心向下；左手上托槍身，槍尖高與頭平，手心向上；眼看前方。（圖5-44）

(3)仆步劈壓槍

兩腳蹬地跳起，身體右轉，右左腳相繼落地，成左仆步；同時，兩手持槍，使槍尖從後向前、向下劈壓，左手心向前，槍尖高與胸平，右手握把下壓於右小腿內側，手心向裏；眼看槍尖。（圖5-45）

圖5-44

圖5-45

要 點

① 右手抽槍上提時，以身體半面向西北爲宜，不要過於向右側擰身。

② 兩腳起跳落地的瞬間，右腿先屈膝、左腿再向左伸出成左仆步。定勢時，上體不能過於前俯，其步法也可做成高勢右側弓步，待腿力增強以後，再做成全蹲左仆步。

③ 向前下方劈壓槍時，兩手要隨腰而動，腰部發力作用於槍身，力達槍尖。

第十二式　扣腿刺胸（槍尖正東）

身體稍左轉，左腳尖外撇，重心前移於左腿，屈膝下蹲，右腳面向前扣附於左膝後，成扣腿半蹲姿勢；同時，右手握把，從右腰側快速用力伸臂向前、向上推刺，虎口向前，槍尖高與胸平；左手外翻向前、向上滑握，兩手合於槍把，托住槍身；眼看槍尖。（圖5–46）

要 點

① 扣腿時，要頂頭立腰，左腿屈膝獨立站穩，上體不能前俯後仰或左歪右斜。

② 刺槍時，槍身控制在身體中線附近，雙肩要鬆沉，氣沉丹田。

③ 整個動作，身體要中正安舒，沉肩垂肘，扣腿、刺槍身械協調，上下相隨，同時完成。

崔毅士真傳楊派太極十三式──拳‧劍‧刀‧棍‧槍精練

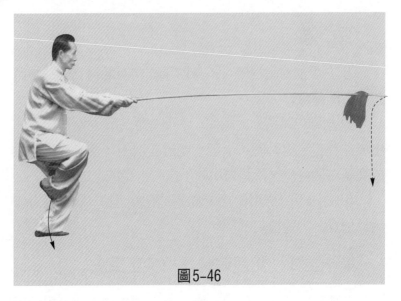

圖5-46

第十三式　收勢（面向正東）

（1）開步抱槍

右腳向右側平行落步，兩腿自然伸直，兩腳尖向前，與肩同寬，成開立步；同時，槍尖下落地面，左手前伸至右手前接握槍身向前、向上挑槍，手心向上；右手抽把貼至右腰側，手心向裏，兩手成抱槍狀，槍尖高與頭平；眼看槍尖。（圖5-47、圖5-48）

圖5-47

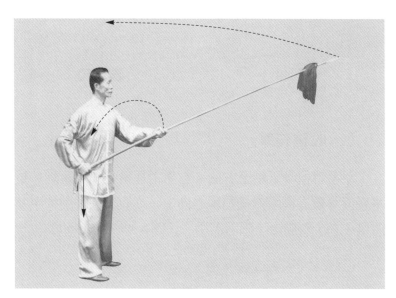

圖5-48

圖5-49　　　　　　　　圖5-50

（2）收槍伸掌

　　左手將槍身下壓至右側，右手滑握槍把使其落地，槍身豎直身體右側；然後左手心向上，從腹前向左引伸至左肩側，指尖斜向上；眼看左手。（圖5-49、圖5-50）

（3）併步收勢

左腳向右腳內側靠近，成併立步；同時，左手立掌屈臂回收，從胸前下落垂於身體左側，恢復成起勢中的預備勢；眼看前方。（圖5-51）。

要 點

① 成抱槍勢時，右手握把要貼靠右腰側，左手滑握槍身，力注槍尖。

② 左手向左側引伸，臂要微屈，立掌回收經胸前要走弧形，整個動作要銜接自然、連綿不斷。

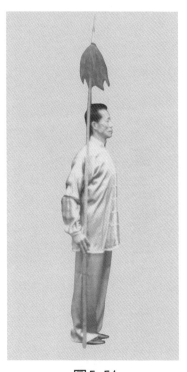

圖5-51

③ 收勢動作，要立身正中，頂頭立腰，沉肩垂肘，呼吸自然，一氣呵成。

練習楊派太極槍十三式，相對太極拳來說，運動量比較大，所以練完以後須靜立片刻，調整呼吸，待氣息穩定以後，根據體力狀況，或繼續練習，或慢行離開，以有利於強身健體。

（四）楊派太極槍十三式連續動作圖

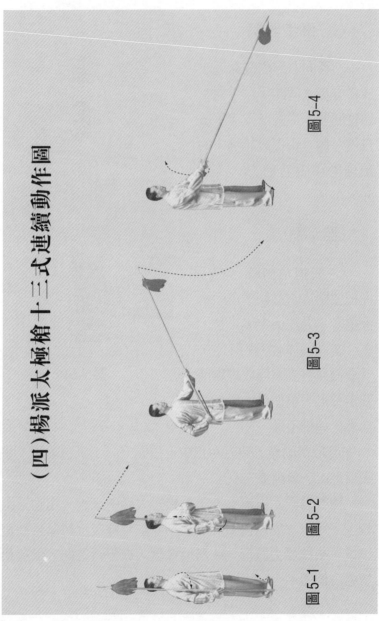

圖5-1　　圖5-2　　圖5-3　　圖5-4

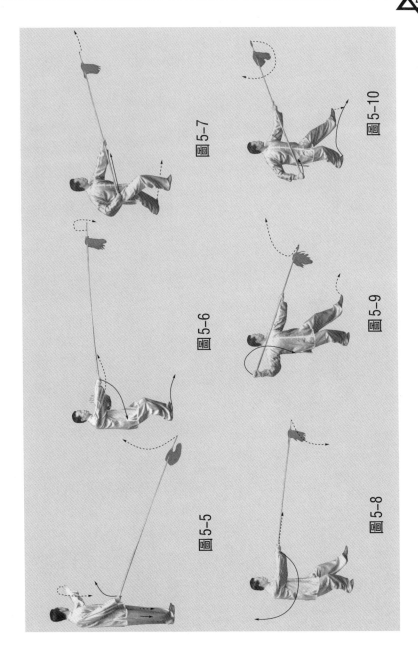

圖5-7

圖5-10

圖5-6

圖5-9

圖5-5

圖5-8

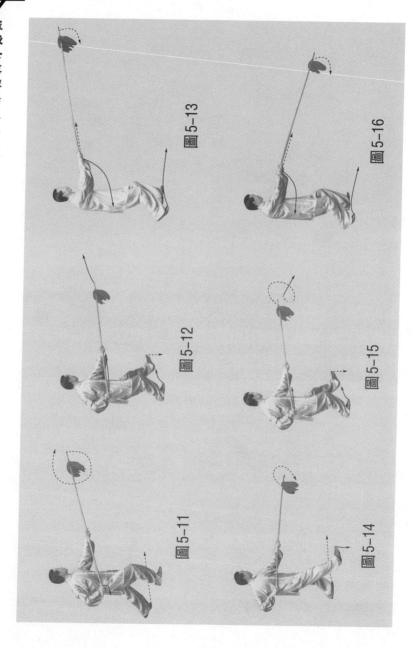

圖 5-11

圖 5-12

圖 5-13

圖 5-14

圖 5-15

圖 5-16

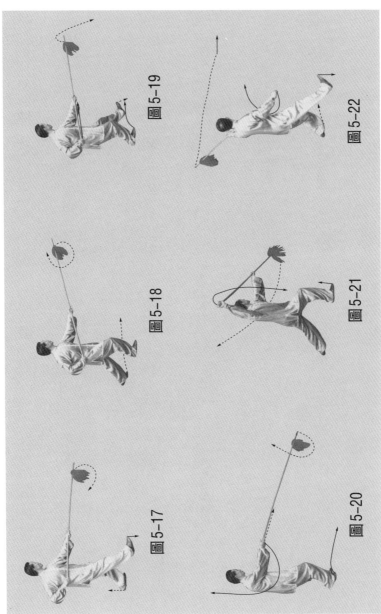

圖 5-19

圖 5-22

圖 5-18

圖 5-21

圖 5-17

圖 5-20

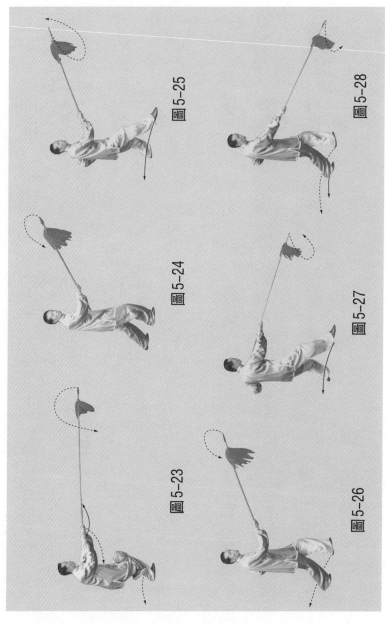

圖5-25

圖5-28

圖5-24

圖5-27

圖5-23

圖5-26

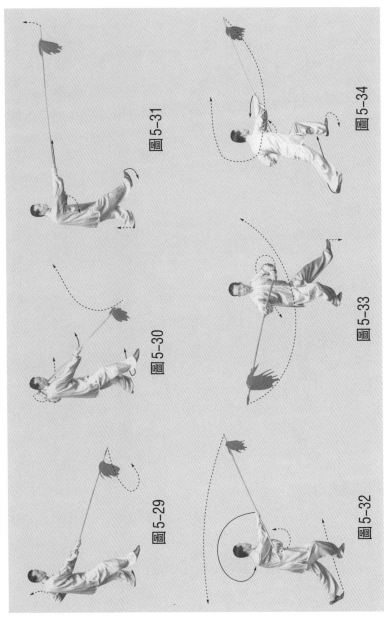

圖5-31

圖5-30

圖5-29

圖5-34

圖5-33

圖5-32

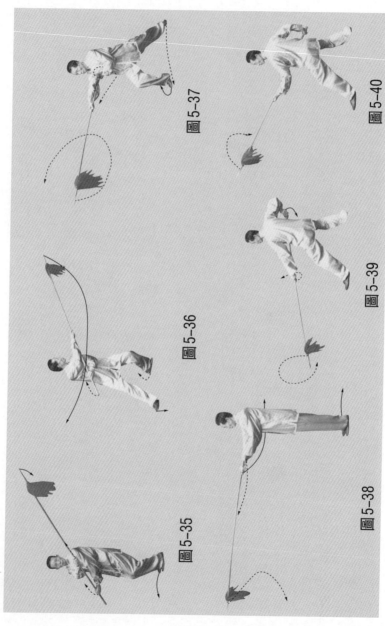

圖 5-40

圖 5-37

圖 5-39

圖 5-36

圖 5-38

圖 5-35

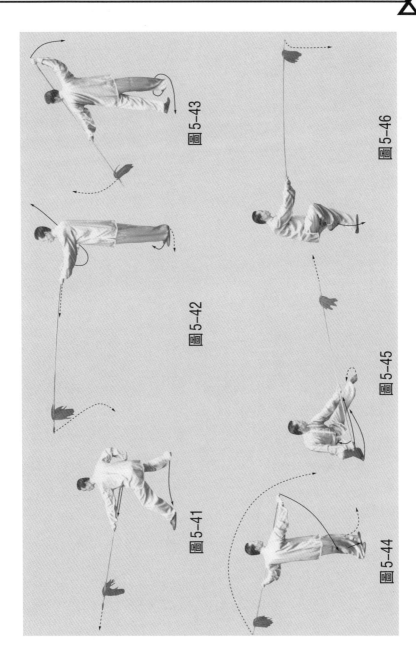

圖 5-43

圖 5-42

圖 5-41

圖 5-46

圖 5-45

圖 5-44

五、楊派太極槍十三式精練

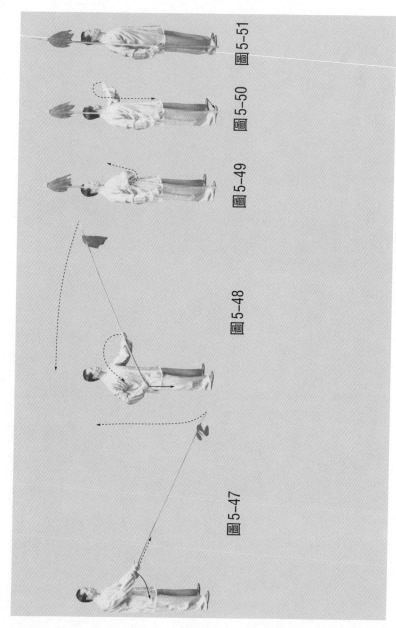

圖 5-51　　圖 5-50　　圖 5-49　　圖 5-48　　圖 5-47

歡迎至本公司購買書籍

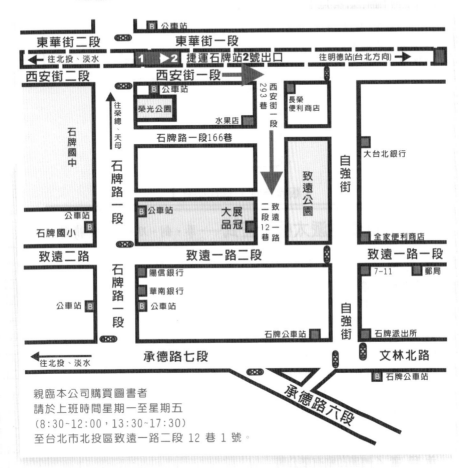

親臨本公司購買圖書者
請於上班時間星期一至星期五
(8:30~12:00,13:30~17:30)
至台北市北投區致遠一路二段 12 巷 1 號。

建議路線
 1.搭乘捷運‧公車
　　淡水線石牌站下車,由石牌捷運站2號出口出站(出站後靠右邊),沿著捷運高架往台北方向走(往明德站方向),其街名為西安街,約走100公尺(勿超過紅綠燈),由西安街一段293巷進來(巷口有一公車站牌,站名為自強街口),本公司位於致遠公園對面。搭公車者請於石牌站(石牌派出所)下車,走進自強街,遇致遠路口左轉,右手邊第一條巷子即為本社位置。

 2.自行開車或騎車
　　由承德路接石牌路,看到陽信銀行右轉,此條即為致遠一路二段,在遇到自強街(紅綠燈)前的巷子(致遠公園)左轉,即可看到本公司招牌。

大展好書　好書大展
品嘗好書　冠群可期